英国の本屋さんの間取り

清水玲奈 著
赤松かおり 絵

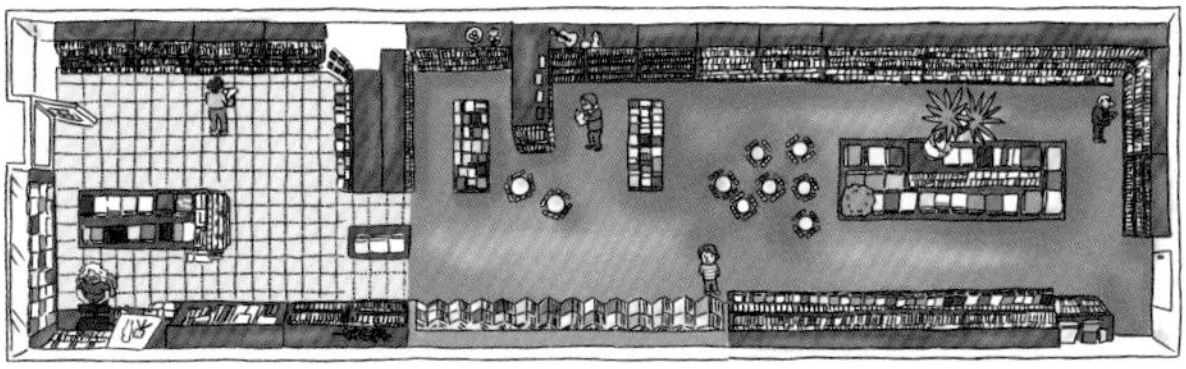

X-Knowledge

はじめに

「夜明けの前が一番暗い」という英国のことわざは、本当だった。

夏目漱石も通ったチャリングクロスの書店街は、一九九〇年代に私がロンドンで暮らし始めた頃、すでに風前の灯だった。書籍の定価販売を定める協定が崩壊し、自由競争が始まった。ネットで買えば安いのに、なぜ人は本屋さんに行くのか？　そんな問いを抱えて私が書店の取材を始めた二〇一〇年頃は、書店の減少が止まらず、「本屋が世界から消えることはないはず」と、誰もが呪文のように唱えていた。

ところが、二〇一六年以降、この国で書店の数は増え続けている。ロックダウンのさなか、英国で売れたものは本とビスケットだった。読書の楽しみを再認識しただけではなく、本当にやりたいことを実現して書店を開いた人も少なくない。コロナ禍が明けた二〇二三年一月六日のBBCニュースは、「二十年ほど続いた書店の減少に、確実に歯止めがかかった」と伝えた。同年にはさらに五十一軒の独立系書店が創業した。

近年とりわけ目覚ましいのが、急進派書店《ラジカル・ブックショップ》（P．114）の人気だ。人種問題やLGBTQ+の権利、気候危機対策を掲げ、「本を一冊売るごとに社会を変える」という心根で本を売り、対話の場を提供している。気概と主張のある書店にとっては、誰でも歓迎する場所を開いていることそのものが意思表明であり、それを支持する人たちがいる。

書店は、郵便局や病院のように、町になくてはならない場所なのだと、英国に暮らしていると実感する。ほっとできるオアシスであり、仲間に会える第二の家のような場所。愛される店は、「大好きな本屋さんを支えたいし、ここで買った本を読みたい」という読者たちが足繁く通い、書店員や著者たちと一体になってゆるやかなコミュニティを形成している。オープン・ブック（P. 120）を愛顧する作家のクレア・トマリンは、「いい本屋があればいい人生が送れる……本屋がなければ、英国の町は荒涼としてしまう」と語った。

いい人生を送るために、もっと本屋さんに行こう。愛される書店の秘密を探るこの本が、そんなふうに思うきっかけになってくれたら、とてもうれしい。

清水玲奈

はじめに 2
英国の本屋さん 見せ方の工夫、愛される工夫 6
ロンドンが誇る世界で最も美しい本屋さん ドーント・ブックス 8
本と人が行き交う駅 バーター・ブックス 16
運河に浮かぶ船の本屋 ワード・オン・ザ・ウォーター 24
多様な町のインクルーシブな書店 レビュー 32
至高のビジュアル本専門店 メゾン・アスリーン 40
偶然の発見を楽しむ迷宮 リブレリア 48
ケンブリッジの文化生活を支える店 ヘファーズ 56
独立系書店リバイバルの火付け役 ジャフェ・アンド・ニール 64
歴史を誇る名門大学運営の店 ケンブリッジ・ユニバーシティー・プレス書店 72

80 気鋭の建築家・デザイナーが競演　タッシェン・ストア・ロンドン

88 小さな読者を大きく育てる店　アリゲーターズ・マウス

96 世界遺産の植物園にある書店　キューガーデンズ・ヴィクトリア・プラザ・ショップ

104 お風呂もある本の殿堂　ミスター・ビー・ズ・エンポリアム

112 誰をも歓迎するＬＧＢＴＱ＋書店　ゲイズ・ザ・ワード

120 天井まで本が積み上がる老舗　オープン・ブック

128 アナーキーな仲間が集う本屋　カウリー・ブックショップ

136 〝独立国家〟の伝説は今も　リチャード・ブース

144 画家と作家が経営する町の本屋さん　インク@84

152 親子のような二人が作り上げる店　バーリー・フィッシャー

Staff
イラスト
赤松かおり
写真
清水玲奈
ステファノ・カンディート
（ドーント・ブックス、バーター・ブックス）
ポール・デリック
（リブレリア、キューガーデンズ・ヴィクトリア・プラザ・ショップ、ゲイズ・ザ・ワード、カウリー・ブックショップ）
デザイン
三木俊一＋高見朋子
（文京図案室）
印刷
図書印刷株式会社

・本書の間取りイラストは、店舗の特徴をよりわかりやすく伝えるために一部強調・省略している場合があります。

・本書の内容は二〇二四年三月現在の内容です。最新の情報につきましては、各店のウェブサイト等で確認されることをおすすめします。

見せ方の工夫

POP

書店員が独自の感性と視点を発揮する手書きのPOPが楽しみで来店するという人も多い。「あの書店員が実際に読んで勧める本なら買いたい」という固定ファンを集める仕掛けにもなる。

バーリー・フィッシャー（P.152）

什器

オリジナルの布張りの棚、高い棚のためのはしご、座り心地のいいソファなど、実用性とデザインを重視。有名建築家が特定の本に合わせて設計したブックスタンドをセットで展示販売するアート書店も。

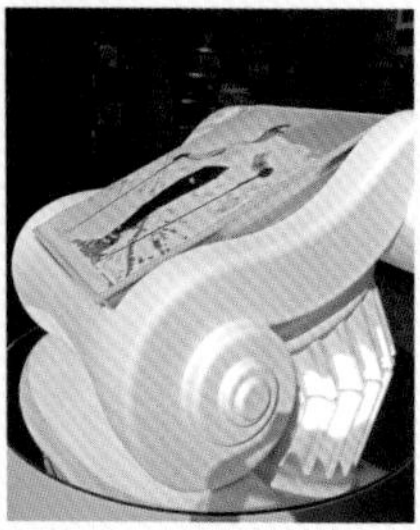
タッシェン（P.80）

カテゴリー表示

分野ごとにふさわしい字体デザインのパネルを付ける、本の表紙のポスターを使うなど、個性を競う。「幻滅した人のための幻想」といった独自のキーワードで本選びの楽しさを再発見させる店も。

ヘファーズ（P.56）

独自のコーナー

「ケンブリッジの推理小説」といったニッチな棚から、書店員と常連客の定番本を集めた「私たちの愛読書、みなさんの愛読書」まで、独自の基準でまとめたコーナーを設ける。

ミスター・ビー・ズ・エンポリアム（P.104）

愛される工夫

カフェ

手作りの焼き菓子やベーグルサンドイッチ、バリスタ修業をした店主自らが淹れるおいしいコーヒーなどメニューにこだわる。大型店の暖炉のあるカフェには行列ができる。

ジャフェ・アンド・ニール（P.64）

イベント

トークイベント、朗読会など著者と出会えるイベントや、同じ本を読んで語り合う読書会は常に人気。お茶を飲みながら本を選んでもらう癒しのひととき、ブック・スパといった個性派は、遠方からも客を集める。

リブレリア（P.48）©Libreria

発信

読者とつながるツールは、SNSやニュースレターに限らない。コロナ禍以来、トークの録音や新刊情報を公開するポッドキャストを設ける店が増えた。Spotifyでプレイリストを公開する店も。

ワード・オン・ザ・ウォーター（P.24）

店内掲示物

地域の情報のほか、LGBTQ+などのコミュニティ関連のお知らせを貼る掲示板を設けている店が多い。イベントで来訪した作家・イラストレーターの作品を展示した壁はミニギャラリーのよう。

アリゲーター・マウス（P.88）

サブスクリプション

年齢、趣味、興味、愛読書等の質問に答えると、自分にぴったりの本を目利きの書店員が選んで毎月送ってくれるサブスクリプションは、読書の幅を広げたい人や、プレゼントに人気。

リブレリア（P.48）

ロンドンが誇る世界で最も美しい本屋さん

ドーント・ブックス

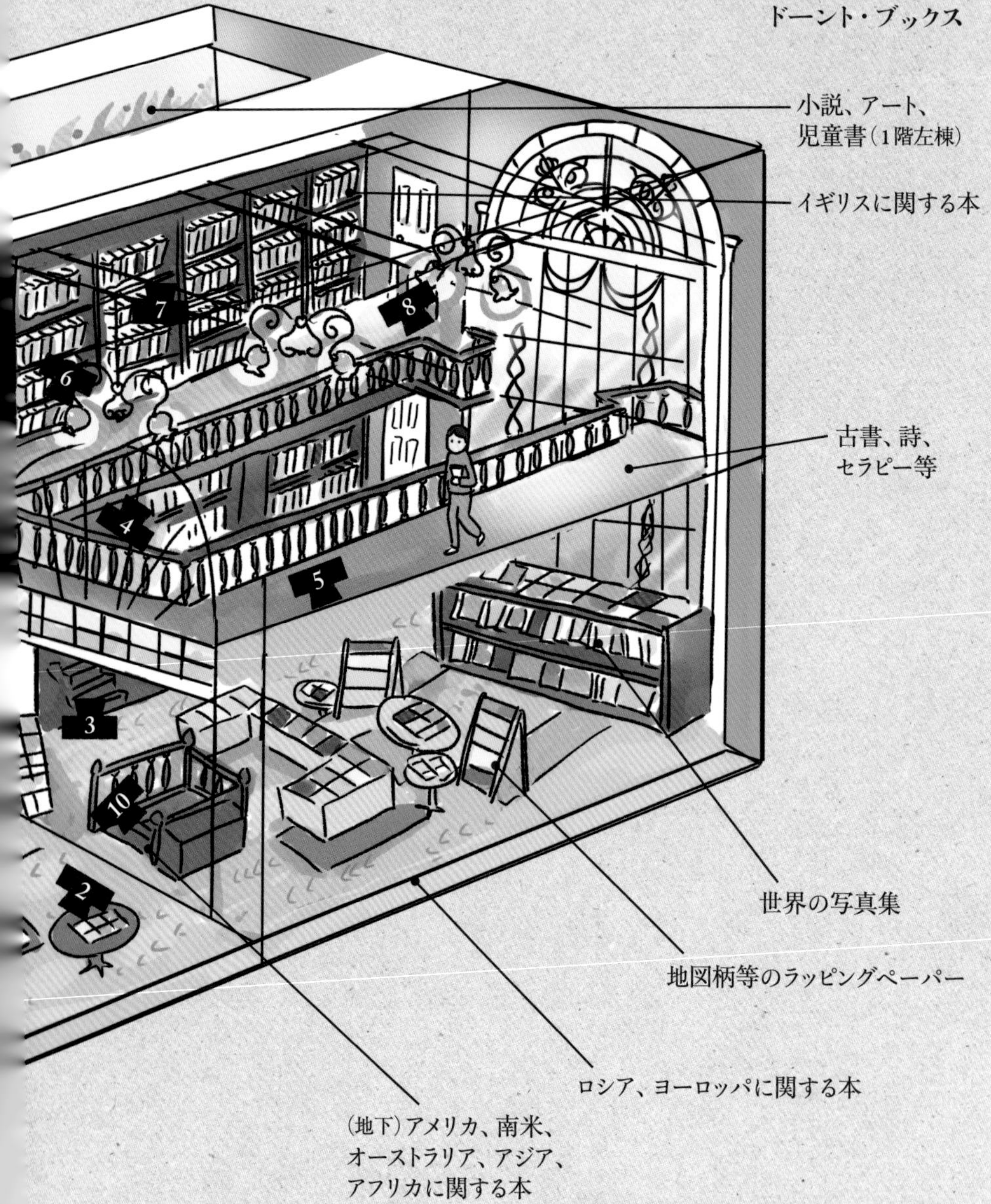

イギリスの独立系書店の
リバイバルのきっかけを作った
伝説の店であり、
世界で最も美しい
本屋さんランキングの
常連の名店。
店内を巡れば、
本の世界に、
世界の国々に旅できる。

1. 入口の近くにレジがあり、その周りにも新刊書が並ぶ。表紙を見ながら常連客と店員が話し始める姿も。美しいファサードをデザインしたブックトートは根強い人気で、初めはテーマカラーの緑色だけだったのが、10色ほどにバリエーションが増えた。子ども用のミニトートは、大人もほしくなるかわいらしさ
2. 新刊書が並ぶコーナー。文学とノンフィクションをバランスよく揃えている。ヘリンボーンの寄木の床とオーク材の棚とテーブルが落ち着いた雰囲気

1

2

世界都市ロンドンが誇る旅する本屋さん

ブティックやカフェが並ぶ瀟洒な商店街、マリルボーン・ハイストリートにあるエドワード朝時代の建物は、最初から書店として設計され、一九一〇年に完成した。棚の一部にはウィリアム・モリスのデザインによる布地が貼られていて、それに合わせて店のテーマカラーは落ち着いた緑で統一されている。天窓から注ぐ自然光と、店内のテーブルのそこかしこに置かれた花が、本のある空間の心地よさを最大限に高めている。

　キャッチフレーズは「ドーント・ブックス・フォー・トラベラーズ（旅する人のためのドーント・ブックス）」。新刊書が並ぶ最初のコーナーを過ぎると、緑色の字で頭上に「国別に並べられた本のコーナーへ」と書かれた通路があ

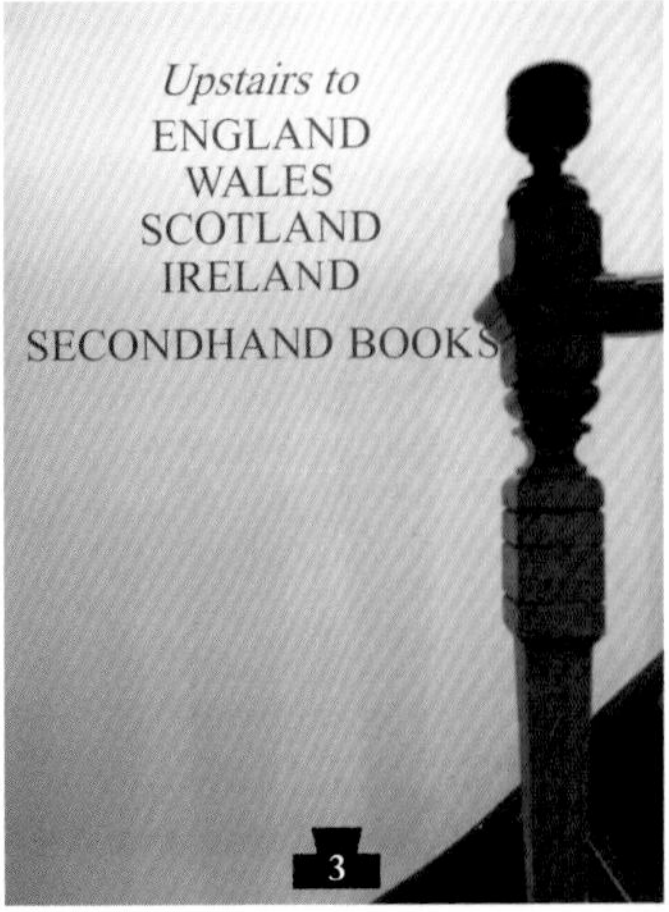

3. バルコニーへの階段の入口
4. 壁を埋めるのはすべてヨーロッパとイギリスに関する本と地図
5. イギリス・アイルランドの本のコーナー。ウィリアム・モリスのデザイン「小鳥とアネモネ」のファブリックを貼ったオリジナルの地図立てが使われている

り、その先には、ヨーロッパ、アジア、アフリカなど地域ごとに全分野の本を並べる大きな売り場が広がる。ここは、いながらにして、本を通して世界一周ができる場所。コの字の形にバルコニーが張り巡らされていて、階段を上ると、ステンドグラスの大きな窓に向かって広がる空間全体を見渡せる。左右の壁一面を本が埋め尽くしている光景は圧巻だ。

　階段のすぐ脇、ロシア関連の本が並ぶ隣はウクライナの棚、また地下に降りるとイスラエルの棚のそばにはパレスチナを含む中東の棚が、平和に並んでいる。それぞれの国に、歴史、社会、建築、言語、文学、料理、芸術や音楽の本がある。この陳列そのものが、世界情勢を多様な視点から長いスパンでとらえることを、静かに示唆しているかのようだ。

6. バルコニーのステンドグラスの前は音楽本のコーナー
7. イギリスのコーナーは、「イギリス全般」「イングランド」「スコットランド「北アイルランド」とその他地域・都市別に分かれている
8. トラベルコーナーの一番奥にあるステンドグラスの真下は、欧州各地の写真集等のビジュアル本のテーブル。生花を使ったディスプレイは写真を撮る人が絶えない

有名店になった今も変わらぬ「町の本屋」

創業者ジェームズ・ドーントは、外交官の息子として育ち、ケンブリッジ大学で歴史を専攻した。最初の仕事はクルーズ船のパーサーだった。アメリカで銀行員を務めた後、旅と本というふたつの情熱を追求することを決め、一九九〇年、大学時代の同級生と一緒にドーント・ブックスを開いた。今では世界中から旅行者が集まる名所になり、ロンドン市内の各地とオックスフォードに六店舗を設けている。ドーントはまた、二〇一一年、苦境にあった大手チェーン書店ウォーターストーンズの常務取締役に抜擢され、経営を見事に立て直した。イギリスの書店業界の救世主として知られている。

ドーント・ブックスが最も大切にしているのは、書店員の質と、読書好き

9. 左棟は年齢別にフィクション・ノンフィクションの双方が揃う充実の児童書のコーナー。学校が休みの日や週末は幅広い年齢層の親子連れでにぎわう。天窓から自然光が注ぎ込み、その周りの壁画が彩りを添える。絵本は小さい子が自分で見やすいように低い棚を活用。内装はシックなオーク材とウィリアム・モリスのファブリックで統一している

のお客さんたちへのサービスだ。入口近くには、目利きの店員たちが厳選した文学やノンフィクションの読み物を中心に、新刊書と、店が勧める定番の本がぎっしりと並ぶ。コアな読書家である顧客に向けたパーソナルなサービスも提供している。たとえば、結婚するカップルが新居に置く本のリストを作って友人家族が本を贈るウエディング・リストや、私設図書室を作る作業を選書から棚に並べるところまで行うライブラリー・ビルディングなどは特に人気がある。

朝九時の開店直後から、数多くの常連が店を訪れ、「今のおすすめは」と顔見知りの書店員に声をかけ、選んでもらった本を買っていく。理想の町の本屋ともいうべき姿がここにある。

店長
ブレット・ウォルステンクロフト

「ジェームズ(・ドーント)とはケンブリッジ大学の同級生。学生の頃、二人で中東を旅することを決め、出発前に読む本を買おうと大型書店に行きました。ガイドブックだけではなく小説から伝記、歴史、建築まで、様々な売り場を回ってくたくたになりました。そんな体験から「こんな本屋があったらいいな」という思いからできたのがこの店です。優れた書店は文化の源。本に詳しいスタッフが、ドーント・ブックスの何よりの宝です」

10. 地下は、南北アメリカ、アジア、アフリカ、中東、北極圏等、ヨーロッパ以外の国・地域別構成で、ゆったりと落ち着きがある。東京のガイドブックや写真集も

Daunt Books

83-84 Marylebone High Street,London W1U 4QW
Tel : +44 20 7224 2295
https://dauntbooks.co.uk
月〜土9:00〜19:30、日11:00〜18:00
開店=1990年　店舗面積=約400㎡　店頭在庫=3万冊

トレードマークは国別の棚構成

地下、アジアのコーナーにある日本の棚には、ガイドブックや写真集、旅行記、日本料理のレシピ本等のほか、新旧の日本文学の名作が並ぶ。東京のガイドブックだけでも十数種類見つかる。

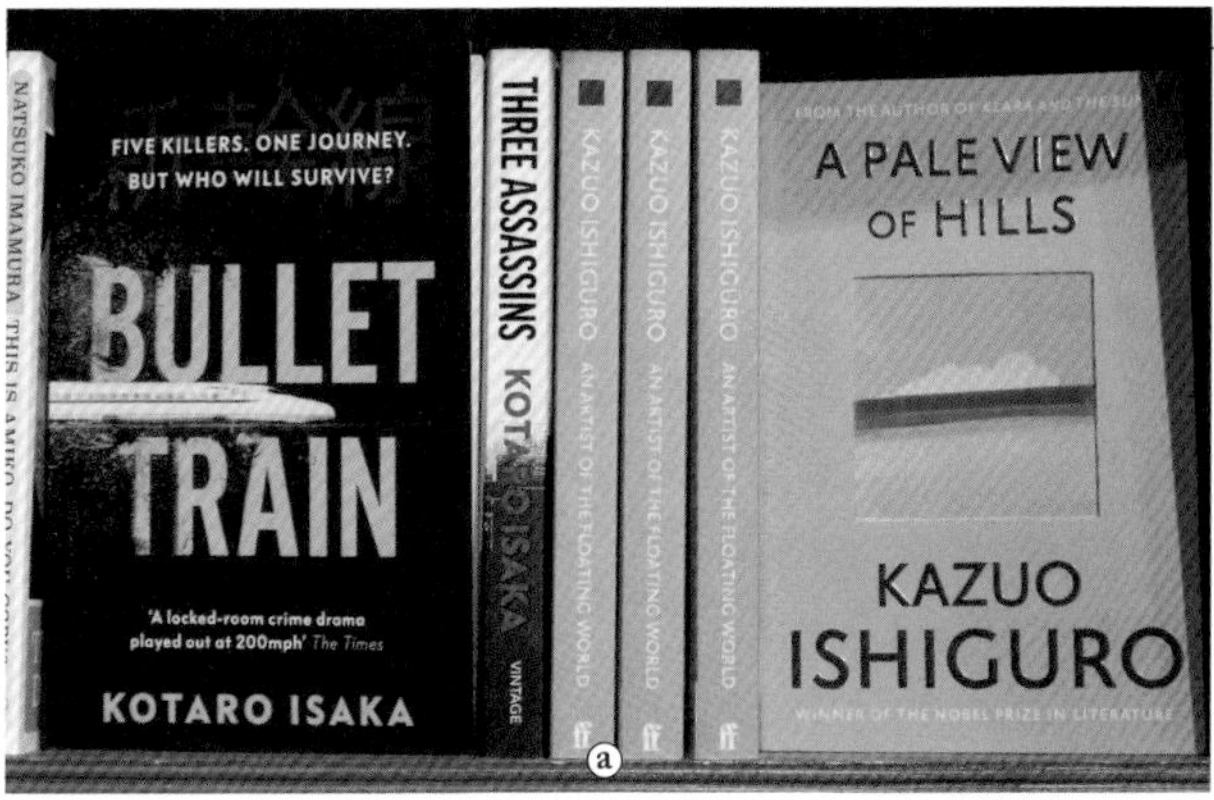

ⓐⓑ 日本の棚には、映画『ブレット・トレイン』の原作として注目を集めた伊坂幸太郎の『マリアビートル』、カズオ・イシグロの『遠い山なみの光』、谷崎潤一郎『卍』等、文学とノンフィクションが幅広く並ぶ ⓒ 料理コーナーの脇には、アメリカの美食家MFK・フィッシャーによる1941年出版の古典『オイスター・ブック』等、食の本の特集テーブル ⓓ ロンドンの本コーナーには、ジョエル・ホランド絵、ロージー・ヒュイットソン文の『London Shopfronts（ロンドンのショップのファサード）』、19世紀の古典、リチャード・ジェフリーズ著『Nature Near London（ロンドン近郊の自然）』等

本と人が行き交う駅

バーター・ブックス

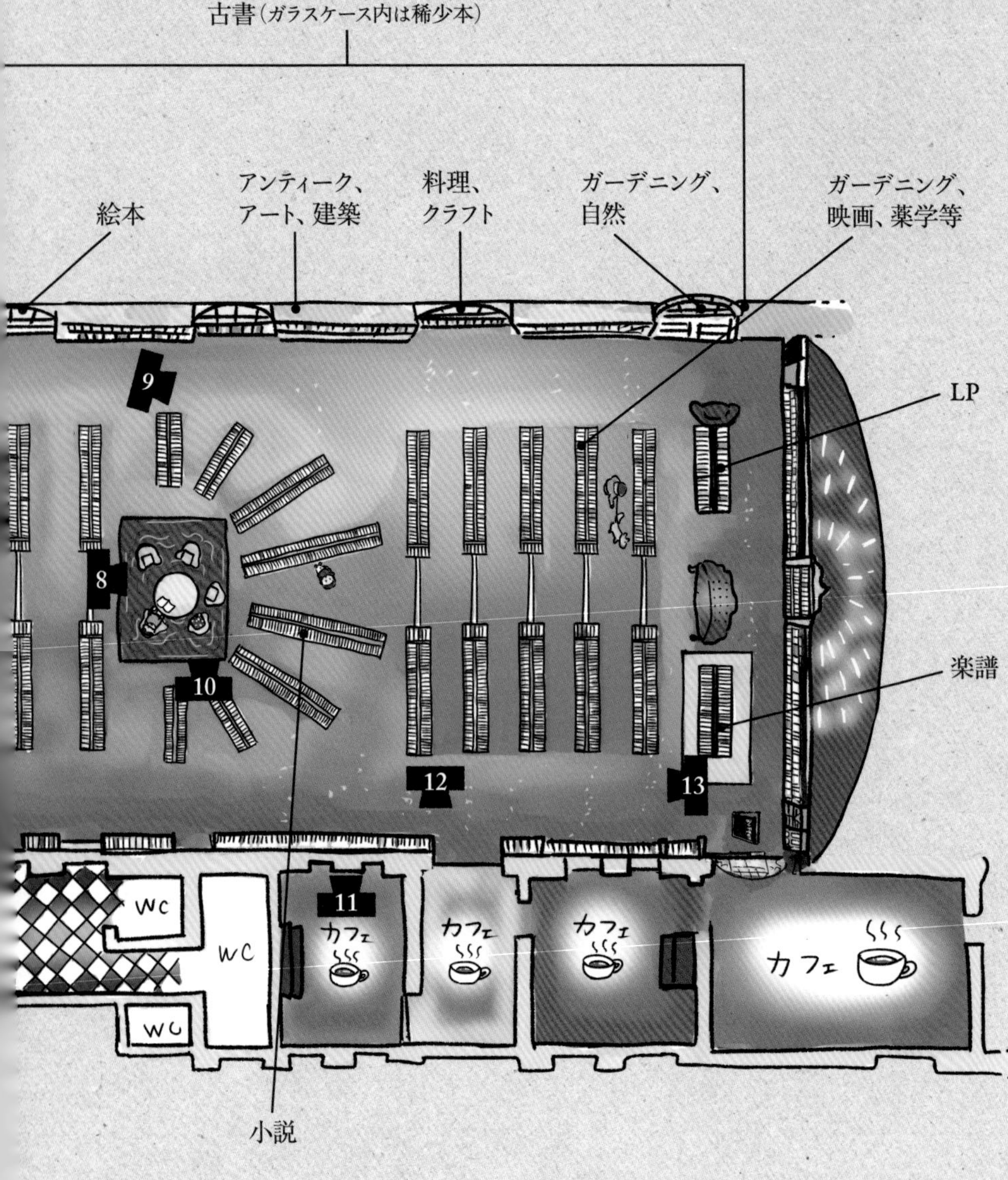

北イングランドの小さな村。
ヴィクトリア朝時代に
栄華を極めた旧駅舎に、
奇跡のような本屋が生まれた。
プラットフォームと線路の跡に、
三十五万冊の古書が並ぶ。

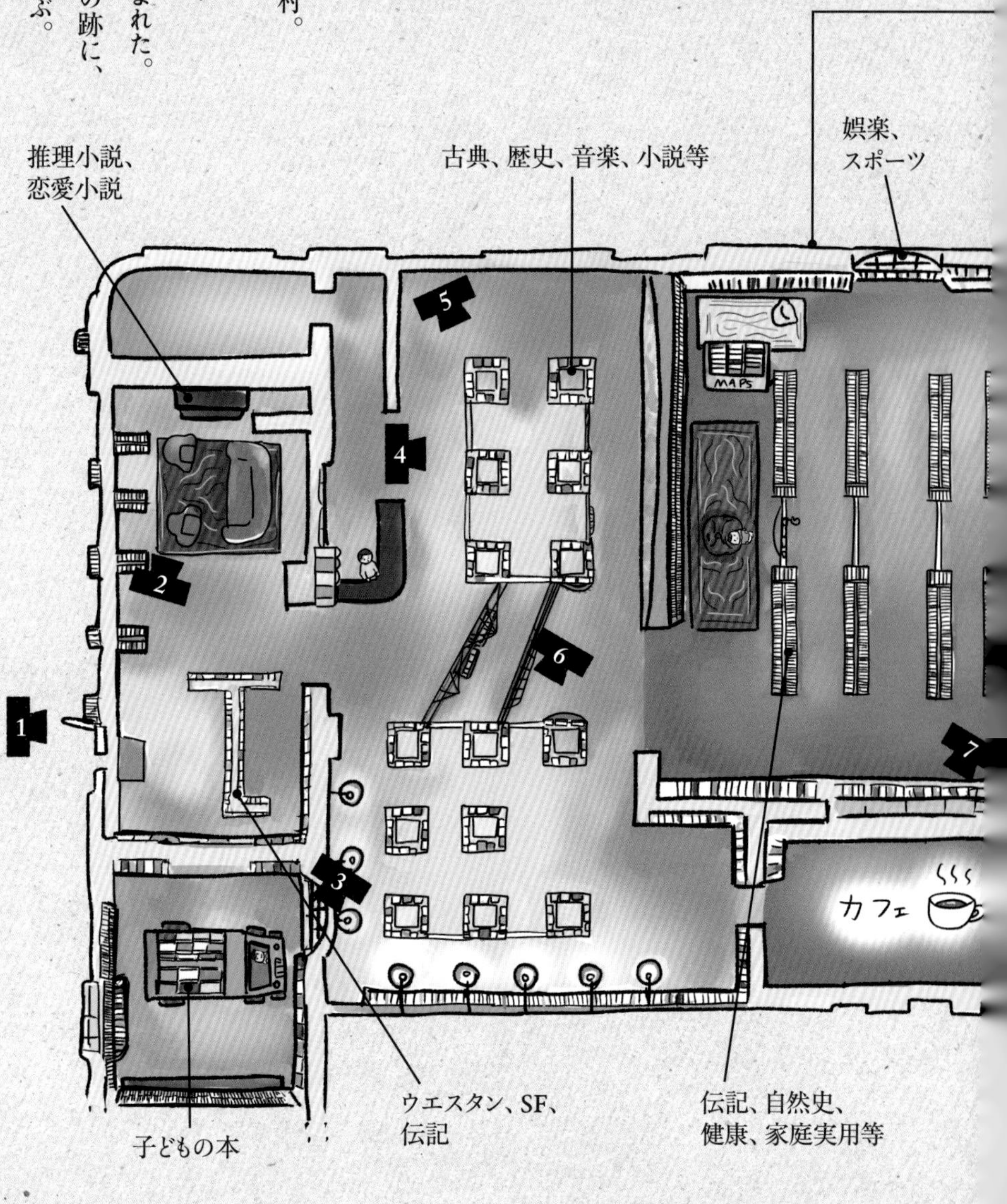

3

2

1

3

1.駅舎の雰囲気をそのままとどめる店のファサード。石造りの重厚な平屋建築と、アーチ型の窓やドアが往時を偲ばせる
2.立ち読みも座り読みも歓迎で、客の滞在時間が長いのが店の特徴。暖炉の周りに読書好きと犬が集う幸せな光景
3.木でできた電車にたくさんの絵本が積まれている子どもの本の部屋。たくさん吊るされた照明がポエティックな雰囲気

一九世紀の駅舎を書店に

世界で最も美しい書店と称えられるイギリス最大級の古書店が、北イングランドの小さな村にある。建物は、ヴィクトリア朝時代の旧駅舎。かつてロンドンとエジンバラを結ぶ鉄道が停車し、貴族も庶民も集った立派な駅だった。

総面積は約三千平米。そのうち約八百五十平米が店舗として使われていて、今ではイギリス内外から年間三十五万人が訪れる。本物の暖炉のある読書コーナーや、駅の貴賓室や食堂を再現したカフェレストラン「ステーション・ブッフェ」も人気だ。広大な店には、一八世紀の希少書から手軽な値段で買える古本までが揃う。ジャンルは文学からノンフィクション、実用書、ファッションやアートの本までと幅広く網羅している。

4. 地元出身の画家ピーター・ドッドによる《The Famous Writers Mural（有名作家の壁画）》。シャーロット・ブロンテ、トニ・モリソン、サルマン・ラシュディ、ジェーン・オースティン、ジョージ・エリオット、ヴァージニア・ウルフ、エドワード・リア……イギリスを中心に、古今東西の作家たちが集う夢のようなグループポートレート
5. 棚の上を張り巡らされた線路の上を、軽快な音を立てて模型の鉄道が走り続けている
6. 近くの古都ニューキャッスルの観光に関する本も充実している

この建物では元々、地元出身のイギリス人、スチュワート・マンリーが鉄道模型の工場を経営していた。旅行中にニューヨークで書店員経験のあるアメリカ人、メアリーと偶然飛行機で隣どうしになり、結婚。彼女のアイデアで書店を始め、少しずつ店を拡大し、本の数を増やしていった。

夫妻は、今では念願かなって、駅舎の隣にある旧駅長官舎に暮らしている。そして、地元に暮らす六十五人を雇い入れ、クリスマス以外は毎日店を開ける。犬連れで通う近隣の住民から、この店のために渡英した観光客まで、平日の昼間でも客足は絶えない。

ヴィクトリア朝の詩と「宵の星」号の記憶

店名バーター・ブックスには「本を交換する場所」という意味がある。通常の買い入れではなく、一人十冊（ペ

7.駅には一等と二等の待合室があった。その雰囲気を再現した暖炉のあるカフェは、ティータイムにもランチにも大人気。旧駅舎ににぎわいが戻った
8.奥の壁を「宵の星」のネオンライトが照らす

7

8

ーパーバックなら二十冊）までを持ち込むと、店内の本と「交換」できるというシステム。これは、オーナーのメアリーの故郷、米メンフィスの古書店からヒントを得ている。

　またメアリーは少女時代から読書家で、大学では美術史を専攻したアート好きでもある。書棚のあちこちに好きな詩句の引用を書いた板を貼り、壁を大型アート作品で彩った。店内の一番奥の壁を飾るネオンライトのインスタレーションは、ヴィクトリア朝時代のイギリスの詩人、アルフレッド・テニスンにオマージュを捧げる作品だ。テニスンの辞世の詩「砂州を越えて」の冒頭「日没と宵の星／澄んだ声が私を呼ぶ」と、さらには一九六八年に廃線になるまでアニック駅を走っていた列車「イブニングスター（宵の星）」号にちなんで、地元アーティストが制作した。駅舎のこの部分は窓が小さく薄暗

9. オーナー夫妻は自宅で猫を飼っているが、店は犬連れ歓迎。整然と並ぶ書棚の間を犬も楽しげに歩く
10. 歴史建築である駅舎のもとの要素を維持するように努めている。古めかしい水飲み場も現役
11. 青の部屋と名付けられたレストランの部屋。他に赤の部屋、緑の部屋がある
12. 書棚の向こう、小窓からレストランが見える。ビンテージの本は駅の建築によくなじむ

いので、このライトがとりわけ印象的な光を添える。

運命の出会いから書店経営者になったスチュワートだが、鉄道熱が冷めることはない。レジのあるセントラルホールと呼ばれる部屋では、書棚の上に張り巡らされた線路を、小さな模型の鉄道が軽快な音を立てて休みなく走っている。また、一九九〇年代から地元に鉄道を再び走らせる活動の中心として活躍し、ようやく二〇一三年にアニックに新たな線路を開通させ、機関車によるアルン・ヴァレー鉄道の季節運行を実現した。店内には機関車の大型写真や、かつての駅の時刻表等の資料を集めた展示室がある。

往時の面影をとどめる旧駅舎は、オーナー夫妻の情熱によって、詩情と旅情にあふれる世界にひとつしかない書店として、数多くの人に愛されている。

13. 店の奥には初版本が並ぶコーナーがある。
希少書はガラスケースに収められている
下／どこからも全貌が見えない広大な旧駅舎

共同オーナー店長

メアリー・マンリー、スチュアート・マンリー

「ここが世界で一番美しい本屋だと言われると、ちょっと違う気がするんです。ポルトガルやアルゼンチンには息を呑むような見事な建築の本屋さんがありますから。でも、別世界に旅できるような店をと思って始めた手作りの本屋が、今では世界中から人を呼び寄せる場所に成長しました。ここで幸せな時間を過ごしてもらえたらうれしいです。三十五万冊の本があって、年間三十五万人のお客さんが世界中から来てくれますから、一人に一冊という計算ですね」

Barter Books

Alnwick Station, Alnwick NE66 2NP
Tel：+44 166 5604 888
毎日9:00〜19:00（12月25日は休）
開店＝1991年　店舗面積＝約850㎡　店頭在庫数＝約35万冊

英文学や児童文学のビンテージ本が充実

特に充実しているのが、『楽しい川辺』、『機関車トーマス』シリーズ等イギリス児童文学の定番で、予算と興味に応じて様々な版で手に入る。この店で発見されてブームを引き起こした第二次世界大戦中のポスター「KEEP CALM AND CARRY ON（冷静に続行せよ）」関連本やグッズも豊富。

ⓐ 店で見つかったポスター「Keep Calm and Carry On」にちなんだ格言の本 ⓑ ウィルバート・オードリー作、レジナルド・ダルビー絵『機関車トーマス』の箱入りビンテージ全集 ⓒ コレクターが多い古い版のペンギン・ブックスは、ジャンルも様々に揃っている。『The Penguin Film Review（ペンギン 映画評）』『Penguin Guides: Lake District（ペンギンガイドブック 湖水地方）』 ⓓ『ハリー・ポッター』シリーズ、絶版になっているジム・ケイによるイラスト入りエディション ⓔ レトロ感が人気で復刻版も出ているレディーバードの小型本、ノンフィクションのシリーズ。『Easy to Make Puppets（簡単手作り人形）』

運河に浮かぶ船の本屋

ワード・オン・ザ・ウォーター

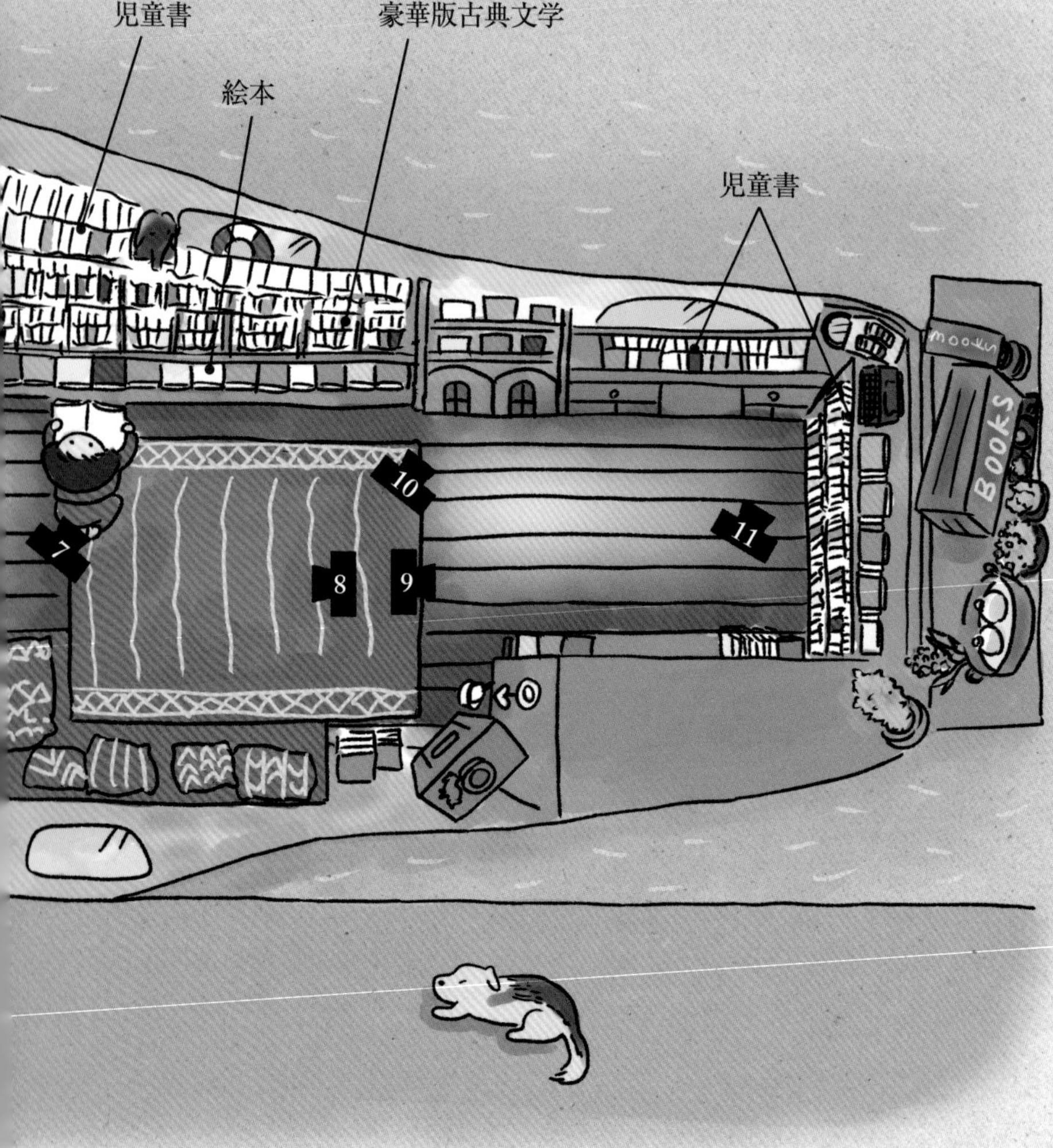

「水上の言葉」という
ポエティックな店名で
営業している本屋さん。
手作りの小さな桟橋から
乗り込めば、本好きの誰かが
愛読書を積み込んだような
船室が広がる。

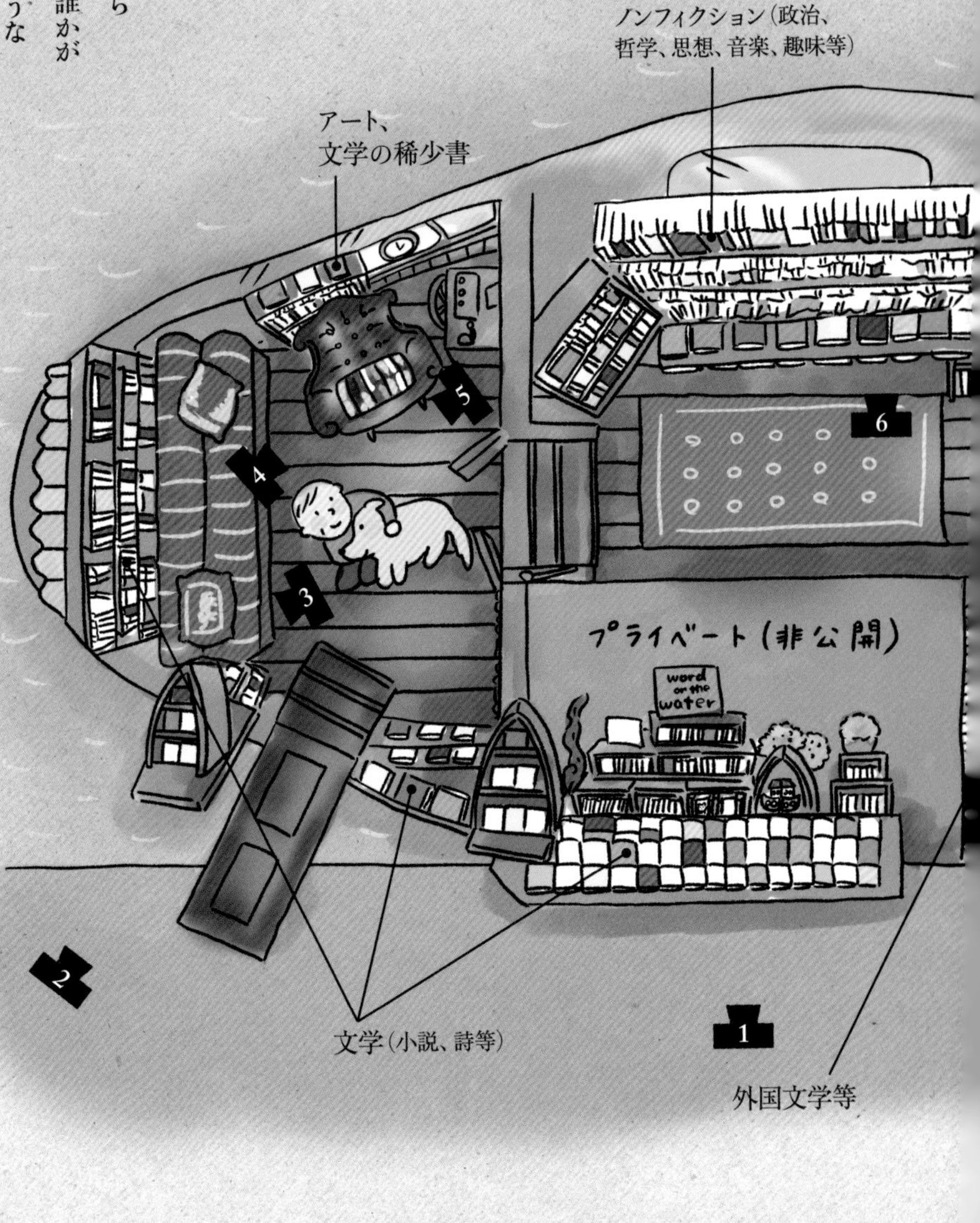

1. 店は正午に開店し、20分間かけて陳列する。船の前にはペーパーバックの小説を並べている
2. 1920年代にオランダで製造され、石炭を運んでいた平底荷船を、運河沿いに停泊させている

イギリスの本の世界にルネサンスが起きた

ユーロスターが発着し、世界中から人が集まるロンドン・キングスクロス。その一角のリージェント運河沿いは、小洒落たカフェやレストラン、マーケットが並び、オフィス街に勤める人たちや観光客でにぎわう界隈だ。ここに、丸ごと本屋さんになっている船が停泊している。

共同オーナーのジョン・プリヴェットは、アメリカ文学を学んだ後に長年ロンドン各地のマーケットで古書を売っていた。その後、オックスフォード大学で英文学を学んだパディー・スリーチと、船の本屋を開くというアイデアで意気投合。二〇一一年、東ロンドンのテムズ河畔で、古書専門店として営業を始めた。船は二〇一六年に今の場所に落ち着き、新刊書も置くように

3.船の形をした木の本棚。他にもそこかしこに船をモチーフにした物を飾っている
4.船内に店員はいない。誰かが暮らす船に迷い込んだような非日常の空間で、好きなだけ本と触れ合える
5.無造作に天井から吊るされたグリーティングカードは売り物。船旅のイメージをかき立てる演出だ

すると、売上が伸びはじめた。

プリヴェットは「ちょうど、イギリスで本の世界にルネサンスが起きた時期と重なった」と語る。「電子書籍の売上が減少に転じ、出版社でも書店業界でも、優秀な人たちが情熱と知恵を発揮するようになったのです。本屋にとっても店に置きたい本が増えて、仕事がますます楽しくなりました」。以来、この船で看板犬のスターと一緒に暮らし、仲間と交代で店番もする毎日だ。

BGMにもこだわり船上の雰囲気を盛り上げる

都会の真ん中なのに、大きな空の下、水の上に浮かぶ船の上では穏やかな空気が味わえるのも魅力。訪れる人の多くは船の写真を撮り、SNSに投稿する。そして、花や緑の鉢植えとともにデッキに置かれた二つのスピーカーか

6.多様な本を並べたノンフィクションの棚。ヘミングウェイの伝記は船旅の気分にぴったり
7.狭いけれどすべてのジャンルが揃う総合書店でもある。子どもが見やすいように絵本は表紙を見せて低い位置に並べている
8.赤を基調に、ビンテージの家具や小物でまとめた船室。ソファやラグがあって居心地がよく、空いている時間なら船を独り占めできる

ら大音量で流れる心地よい音楽は、ワールドミュージックや往年のジャズの名曲など。Spotifyのプレイリストで公開していて、こちらも人気を呼んでいる。

デッキに設けられたステージでは、詩の朗読会やライブを開く。そうしたイベント開催時には多くの人が足を止め、船の前に並んだ本を手に取る。

アナログな在庫管理が店の雰囲気にマッチ

取り扱う本は、古典文学、カルト的現代文学、哲学、思想、アート、音楽、写真集など幅広い。たとえば言語学者・哲学者チョムスキーの著書、アーティストならバスキアの作品集や絵本など「エッジが効いていて、急進的な思考を表現した本」と、ドストエフスキーやディケンズなどの古典が肩を並べる。また古書と新しい本をおよそ

10

11

9

9.10. 一番奥は児童書のコーナー。手前右には、本物の火を燃やす薪ストーブがある
11. マホガニーの机や古いタイプライター等、まるで旅する作家の船室のようなディスプレイ

半々で扱い、区別することなくジャンルごとに並べている。多様な意見や視点を反映した棚づくりだ。

注文や在庫管理は、古き良き本屋の流儀にこだわって、あえてコンピュータを使わない。売れ続けている本は一冊ずつ補充し、お客さんに在庫を尋ねられたら記憶を頼りに店内を探す。そうしているうち、お客さんと一緒にまた別の興味深い本を見つけて盛り上がることもある。

現代の船乗りというべき仲間たちが、自由気ままに運営する船上の本屋さん。「こんなに幸せな仕事はない」と口々に語り、訪れる人はその魔法にかかったように非日常のひとときを過ごす。ここで手に入れた本には、運河の湿気とともに、その独特な幸福感も染み込んでいるかのようだ。

上／柳の緑が美しい水辺は都会のオアシス
中／店主の二人。プリヴェット（写真右）は船内に暮らしている。花の手入れも楽しみのひとつ
下／店のSNSでも人気の看板犬、スター

書店員・BGM選曲担当

ジェームズ・ペントリー

「エドワード・リアのナンセンス詩が大好きで、息子たちの子育ても、何よりも文学を一緒に楽しみました。川や運河を航行しながら営業する船上バー・ライブ会場の経営が本業ですが、本と船が好きな仲間たちに誘ってもらい、ここで店員をしています。プレイリストも私が選曲していますよ。船の前で足を止める人たちには『中に入ってみてくださいね。船も本も、すばらしいのは見かけではなくて中身ですから』と語りかけます」

Word on the Water The London Book Barge

Granary Square, London N1C 4AA
Tel: +44 7976 886982
facebook.com/wordonthewater
毎日12:00〜19:00
開店＝2011年　店舗面積＝約62㎡　本の冊数＝約3,000〜4,000冊

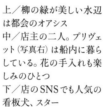

急進的思考の本から古典中の古典まで

カルト的現代文学から哲学、思想、アート、音楽、写真集、古典文学、話題の受賞作品まで、限られた空間ながらこだわりの選書。コロナ禍によるロックダウン中も、通信販売によって店のファンに支えられた。

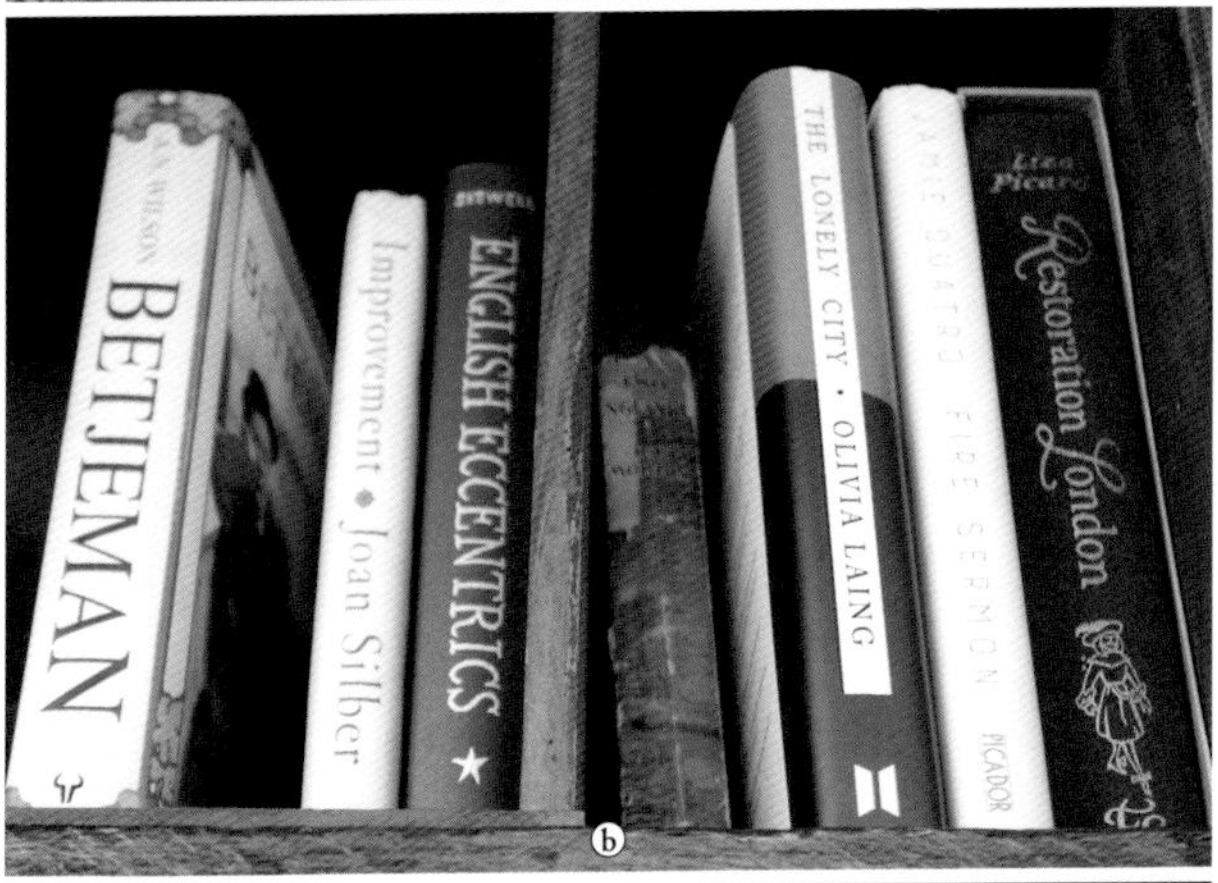

ⓐ アメリカの詩人マヤ・アンジェロウの詩に、バスキアの絵を組み合わせた絵本『Life Doesn't Frighten Me（人生は怖くない）』 ⓑ エディス・シャトウェル著『English Eccentric（イングランドのエキセントリックな人たち）』等、ユニークな英国史の本を集めたコーナー ⓒ ジョン・バージャーのエッセイ『なぜ動物を見るのか』 ⓓ ロベール・ドアノーの写真集とバンクシーの作品集が並ぶ。ミニチュア本のブックエンドが素敵

多様な町のインクルーシブな書店

レビュー

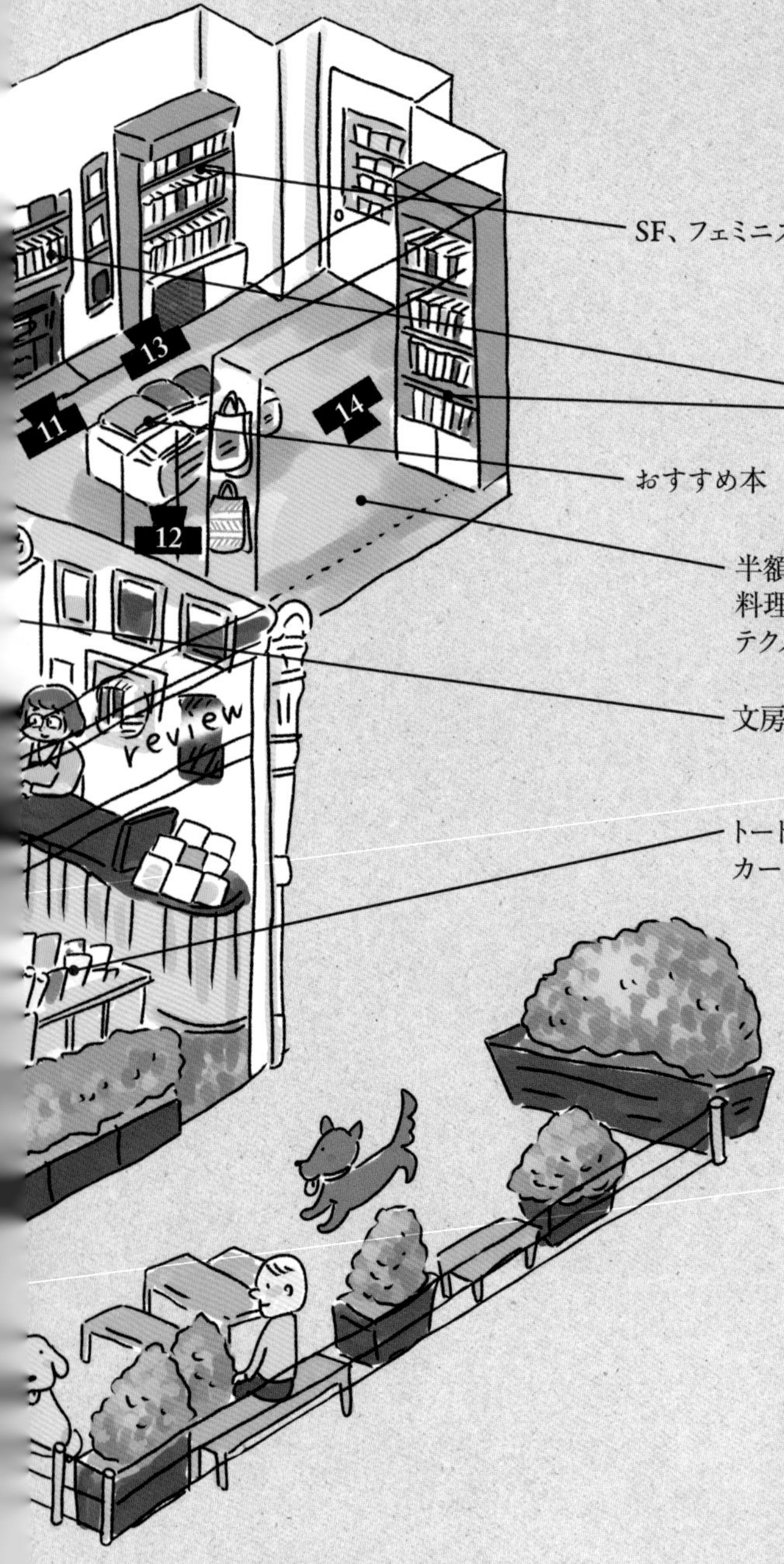

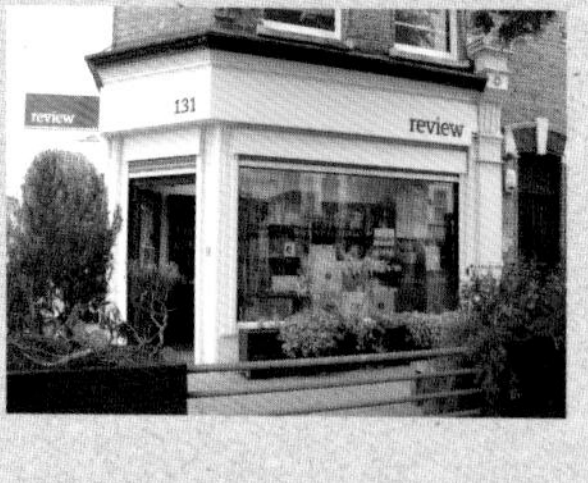

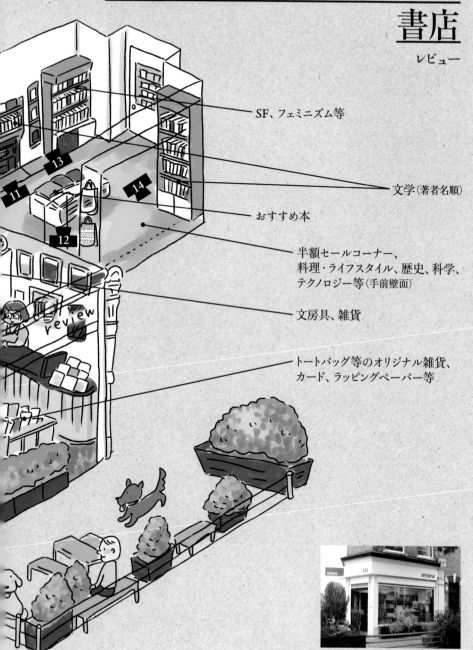

ロンドン南部のペッカムは、
一九世紀からアフリカ系の
移民が暮らし、
今も多様な人種の
若い家族たちが集まる町だ。
小さいけれどよりすぐりの本を揃える
町の本屋さんは、肌の色を問わず
すべての人に愛されている。

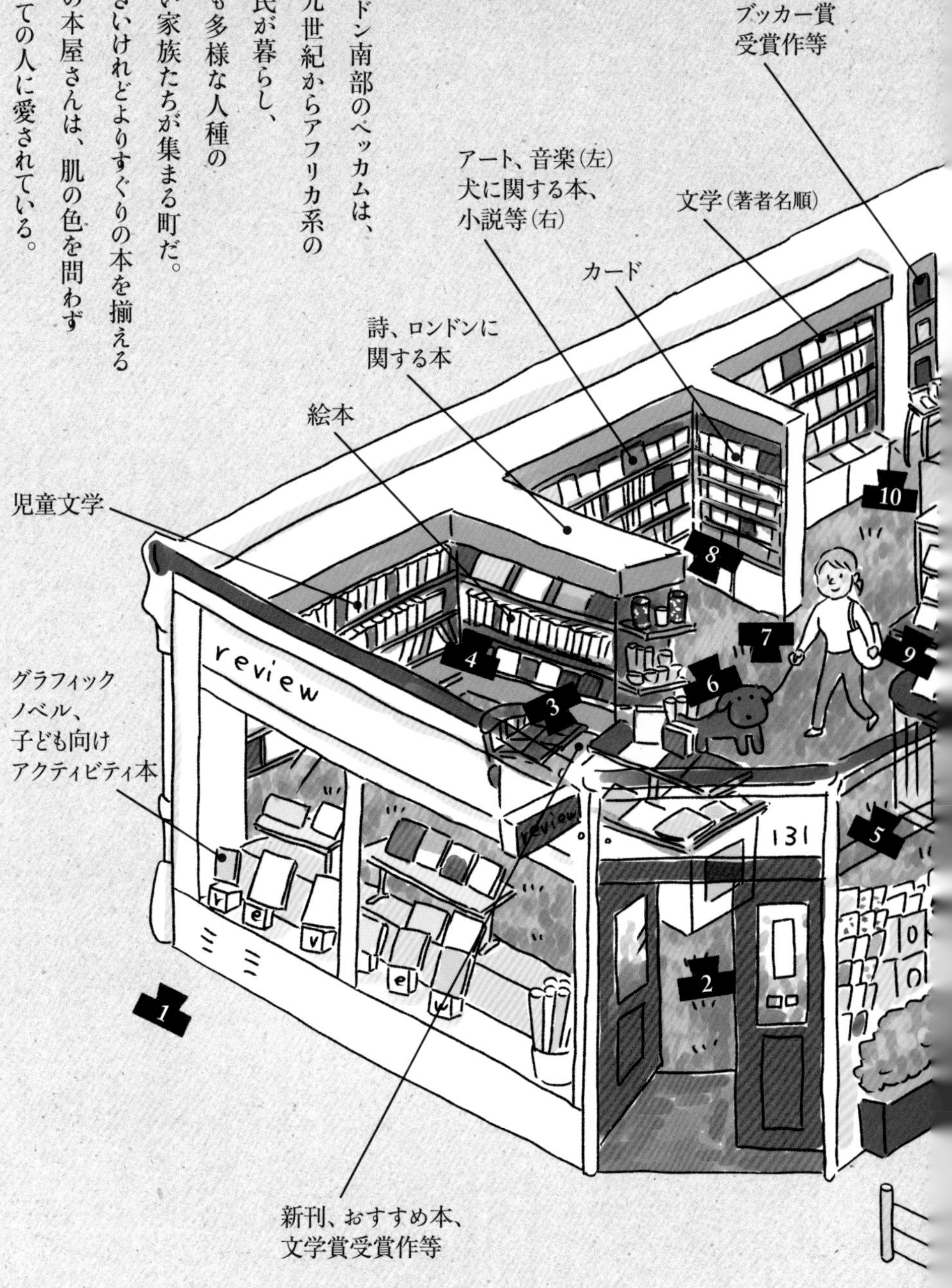

1. 大通りに面したウィンドウ。看板代わりに「Review」の積み木が並ぶ
2. かつていた看板犬の引退後も、店はドッグフレンドリー。店員は「お客さんの名前は知らなくても、犬の名前は覚えている」とか
3. 店員と常連たちは本をめぐっておしゃべりが尽きない

町の特性と人種問題

ロンドン南部のペッカムは、一九世紀からナイジェリア系移民が多く定住する。アフリカ系移民と労働者階級の町として知られていたが、比較的地価が安いため近年では都心部から引っ越してくる若い家族も多く、おしゃれな飲食店が並ぶトレンド地区になった。レビューが位置するベレンデン通りは、一九世紀に果樹園を切り拓いた道で、今では目抜き通り。周囲はヴィクトリア様式の家が連なる住宅街だ。

誰でも歓迎する店という姿勢を示すため、ウィンドウには有色人種が表紙に登場する絵本を並べる。本のセレクトにも細心の注意を払い、人種差別や性差別の要素がある本は厳密に排除している。どんな人にも安心して店に入ってもらえるようにという配慮だ。

書店員のカティア・ウェネラフは、

4. アメリカの詩人、マヤ・アンジェロウの伝記等、歴史に名を残した黒人たちを紹介するノンフィクション絵本は店の定番のひとつ
5. 店員のカティア・ウェネラフ。客に勧めることが多いのは外国文学。愛読書は、アゴタ・クリストフの『悪童日記』、トニ・モリソン『ビラヴド』等
6. キャンドルやギフト用品、ラッピングペーパー等、オーナーのセンスで厳選された物グッズが所狭しと並ぶ

「ペッカムは本好きな人が多い。アフリカ系の人たちは本を読まないと言われがちだけれど、少なくともペッカムに限ればそんなことはない」と強調する。イギリスでは、出版業界・書店業界を中流以上の白人がほぼ独占している。「むしろ書店側の姿勢が有色人種を遠ざけてきた」と言う。

地元の書店どうし客を共有

創業者はペッカムに長年暮らしているロズ・シンプソンで、やがて、地元在住の若手作家でロンドン大学ゴールドスミス・カレッジ講師のイーヴィー・ウィルドも経営に加わった。オーストラリア出身のウィルドは、同国の権威ある文学賞も受賞しているが、「ペッカムが自分のルーツ」と言い、店にはひときわ愛着を持ち、店番も務める。近隣には大学のキャンパスが複数あり、研究者や作家、そして学生た

7. 犬の散歩のついでに立ち寄る客も多い。共同オーナー、イーヴィー・ウィルドの夫であるジェイミー・コールマンの『What I Lick Before Your Face and Other Haikus By Dogs（あなたの顔の前に私が舐めるもの：犬による句集）』は、犬の生態を面白おかしく描いた詩集で、店の定番。
8. アートや音楽の棚。店内のジャンル表示は手書きした紙を貼るだけ。狭い店内でも、季節や時流を反映してフレキシブルに本を並べる
9. レジの隣にはモレスキンをはじめとするステーショナリー。その奥（写真左側）は、文学やライフスタイルを扱うコーナー

8

7

9

ちも多く店を訪れる。店主、店員、そして顧客のほとんどは近所に住む人たちだ。

徒歩圏には、やはり小型の独立系書店が二軒ある。いずれも現代文学や翻訳文学、それに子どもの本に力を入れていて、レビューと似たラインナップの店だが、ウェネラフによると「住み分けは意識せず、お客の奪い合いをするのではなく、いわば共有している」。新刊の情報を得るために、三軒すべてを見てまわるのが地元の本好きのおきまりのコースになっているそうだ。

本にポップを付けない理由

店内の棚にはポップがない。理由は、「全部がおすすめの本だから」。開店時に入荷した二千冊の本が完売したことは、セレクトの的確さを物語る伝説として語り継がれている。出版社のセールス担当者との面談は持たず、「個人

10. 小さめの竹製什器。すぐ横は暖炉で、家庭的な雰囲気
11. 奥の部屋の棚の多くは文学作品
12. 個性的なテーブル。上にはおすすめ本、下には在庫を置く。横向きに一見雑然と置かれた本があり、本好きの人の書棚のよう
13. 文学賞の受賞作品は需要が高い。ブッカー賞受賞作品特集の棚等を定期的に作って入れ替えていく。手描きラベルには「YOU SHOULD BUY THIS（絶対に買うべき本）」

的な好みと判断」だけで、現代文学と政治を中心に、自分たちが勧めたいと思う本を選ぶ。さらに、本を紹介する一番いい方法は直接話すことだと考え、積極的に客と話し合う。国内でまだほとんど知られていない翻訳作品も多く置いているが、無名の作家の本こそ、実際に読んだ個人的な感想を伝えることで興味を持ってもらえ、売上につなげてきた。

　近年のイギリスでは、独立系出版社が良質の海外文学を英語に訳して出版し、商業的にも成功を収める例が増えてきた。多様性の町ペッカムの読者には、そんな本がとりわけ好評だ。シンプソン自身も、店が成功している理由を「地元コミュニティーに、最高の文学作品と、最高のノンフィクションを届けていること」と話している。

14.どのジャンルも多国籍なセレクト。数が少ないだけに、一冊一冊の本に重みを感じさせる

店員

カティア・ウェネラフ

「ここは居心地がいい店。ビブリオセラピー、つまり本による癒しを求めて、たとえば子どもの誕生、身近な人の死といった人生の様々な局面で、本を探しに来る人たちがいます。そんな人にふさわしい本を見つけてあげられた時は、誰かの人生に関わることができたという充実感があります。本は贅沢品でも娯楽でもなくて、生活必需品なんです。逃避であれ、刺激であれ、人間は本を読む必要があるという認識を大切にしています」

Review Bookshop

131 Bellenden Rd, Peckham, London SE15 4QY
Tel:+44 20 7639 7400
uk.bookshop.org/shop/reviewbookshop
水10:00〜18:00、木12:00〜19:00、金・土10:00〜18:00
創業:2005年　店舗面積:約50㎡　店頭在庫:約2,000点

小さな店内に、良質で多様なセレクトの本がぎっしり

かわいいだけではないユニークな犬の本の数々は、犬好きにはたまらない。現代文学、子どもの本から料理本まで、多文化・多人種の町にふさわしい本を揃えている。

ⓐ 犬をテーマにしたユニークな本が充実。クリスティーナ・アモデオによる『Dogs and Chairs: Designer Pairs（犬とデザイナーチェアの組み合わせ）』。リサ・ハナウォルトのグラフィックノベル『Coyote Doggirl』は犬とコヨーテを親にもつ主人公が活躍する西部劇 ⓑ フィオナ・ウォーターズ編、フラン・プレストン＝ギャノン絵『I Am The Seed That Grew The Tree（木を育てた種は私）』は、子ども向けの自然に関する詩のアンソロジー。MoMAが作ったアートな絵本、サラ・スズキ文、エレン・ワインスタイン絵『草間彌生物語 永遠へ』 ⓒ ジャマイカ料理店オリジナル・フラヴァを経営するクレイグ＆ショーン・マカナフ兄弟による『Original Flava Caribbean Cookbook（オリジナル・フラヴァのカリブ料理の本）』 ⓓ 三浦太郎の絵本『CRAZY DAYS（クレイジー・デイズ）』

至高のビジュアル本専門店

メゾン・アスリーン

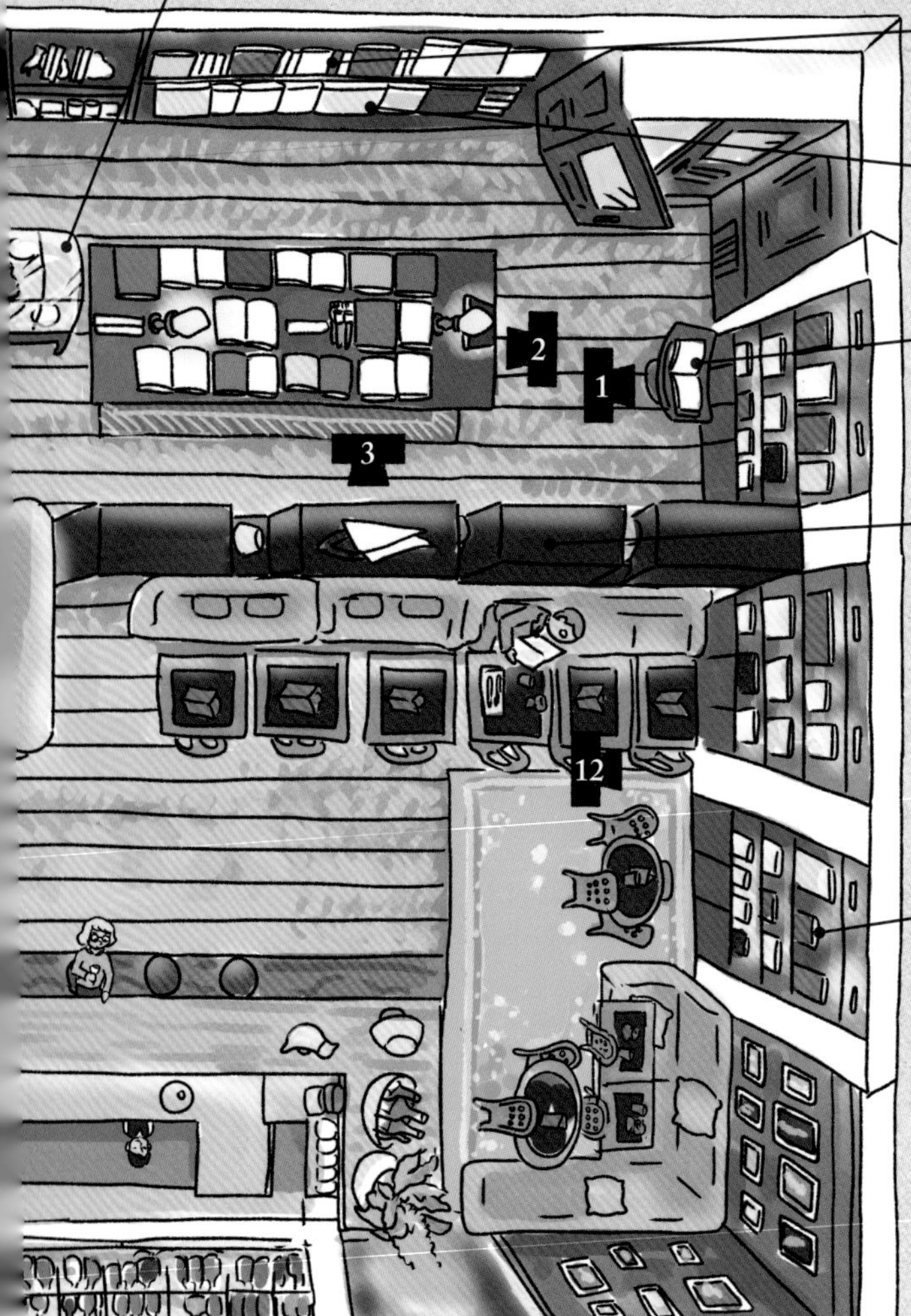

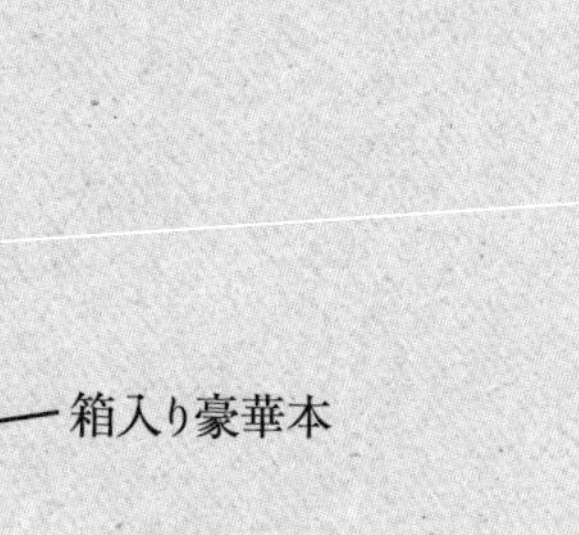

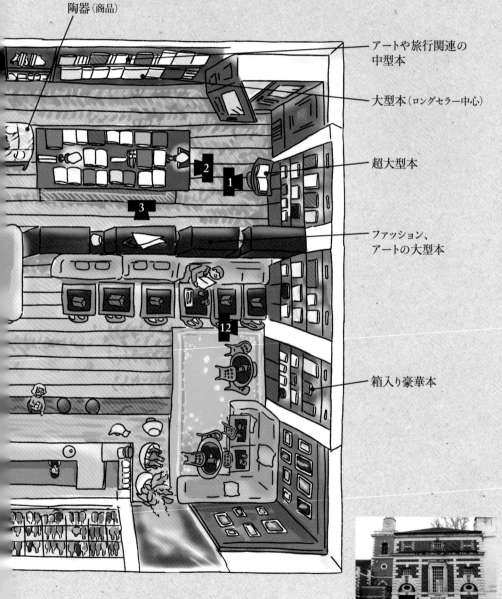

ＬＶＭＨグループの
出資を受けた出版社、
アスリーン。
その豪華な
ビジュアルブックのみを扱い、
ラグジュアリーながらも
アットホームな雰囲気が漂う書店。

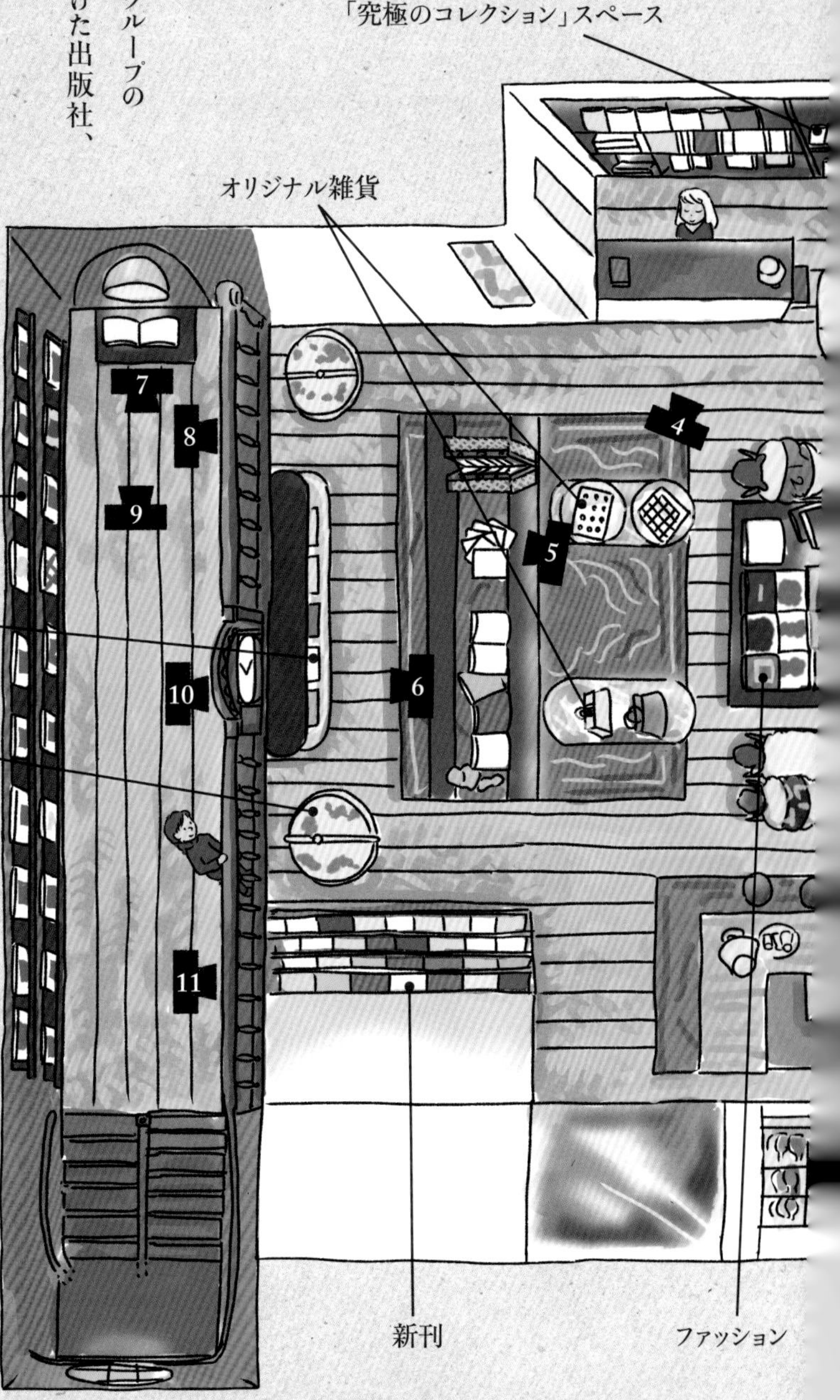

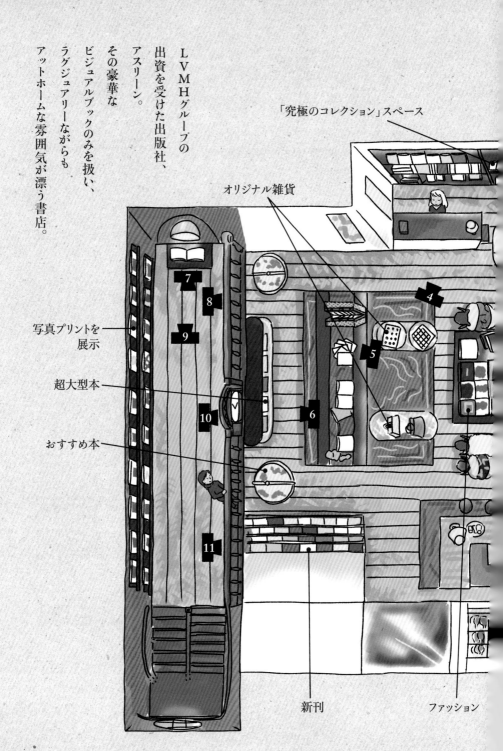

1. 新刊の大型本が置かれた入口付近の丸テーブル
2. 什器も、店員の服装も、本を引き立てる黒で統一している。温かみのあるオレンジ色の照明がノスタルジックな雰囲気
3. 帆船の模型は、旅やリゾートをテーマにした本も多い店内にぴったり。ライブラリー・アクセサリーと名付けられたオリジナルの小物も売られている

3

1

2

ロンドンに出現した書店町の新顔

ロンドンの中心部、ピカデリーは、かつてのチャリング・クロスに代わる新たな書店町の様相を示している。ヨーロッパ最大の書店であるウォーターストーンズの旗艦店、一七九七年創立でイギリス最古の新刊書店である王室御用達のハチャーズ、一歩裏通りに入れば一七六一年創立で現存する世界最古の古書店であるヘンリー・サザランと有名書店が集中している。そして二〇一四年オープンしたのが、メゾン・アスリーンだ。

　アスリーンは、ファッションやアート、建築やデザイン、ライフスタイルに関するビジュアル本を世に送り出している出版社で、大判の豪華な写真集や画集、いわゆるコーヒーテーブルブックでよく知られている。二〇一三年に

4. 黒い書棚の中をカラフルな本が埋める様子は、モンドリアンの抽象画のようで、ステンドグラスと調和している
5.『In the Spirit of……』シリーズは、バリ島、パームビーチ、ハーレム、ニューオリンズ等、世界中の人気の場所を新旧の魅力的な写真で紹介する。らせん状に積み重ねて本をオブジェのように見せるディスプレイ
6. 1階からギャラリーを見上げる。木の手すりに埋め込んだ時計が静かに時を刻む

は多くのラグジュアリー・ブランドを傘下に集めるLVMHグループの出資を受ける初の出版社になった。

美しい本を
さらに美しく見せる

建物は、一九二二年、ミッドランド銀行ロンドン支店として建てられた歴史ある建築だ。設計を手がけたのは、当時のイギリス建築界を代表する建築家サー・エドウィン・ラッチェンスチェンス。窓を高い位置に設けたのは、銀行強盗を避けるための対策だった。重厚な扉を開けると、高い大きな空間が広がる。フランク・シナトラや古い映画音楽が流れ、外の喧騒が嘘のよう。「メゾン（家）」という店名の通り、誰かのお屋敷のようなアットホームな雰囲気が味わえる。

　什器には、アンティークの小物やハイブランドのブックトランク、アスリ

7. ギャラリーからの眺め。白い壁と黒いグリッド状の窓枠に囲まれた広い空間
8. 高い天井近くに窓があるのは当時の銀行の建物の特徴
9. ギャラリーの一番先は大型本の展示コーナー。大型ランプで照らしている

ーンの企画商品でもあるオリジナルデザインのものを使っている。店員に制服はないが、黒一色で装うのがルール。壁や書棚の内側に使われている深い赤は、パントン・カラー・インスティチュートによって「アスリーン・レッド」と認定された色。一九世紀に絵画を引き立てると考えられ、ロンドンのナショナルギャラリーをはじめとする美術館で展示室の壁に使われた色で、創業者のプロスペール・アスリーンによれば、「想像力を刺激し、美とエネルギー、芸術と知識を象徴する」。

本は判型やフォーマット別に配されている。「究極のコレクション」と名付けられた超大型豪華本を展示するスペースも。店長のマルティーナ・ダーギュヴィッチは、「本にはいろいろな魅力がありますが、視覚に与えるインパクトもそのひとつ」と語る。モノトーンでオフィスをまとめた会社経営者

10. 広い店内は、奥にある階上のギャラリーから一望できる。ヘリンボーンの木の床と、ペルシャ絨毯が美しい
11. ギャラリーからスワンズ・バーを見下ろす。白いジャケットのバーテンダーが古き良き時代のバーを思わせる
12. スワンズ・バーのメニューや花瓶もアスリーン・レッドで統一

が、背表紙がモノクロの本ばかりを買っていったという逸話もある。

ノスタルジックな気分で優雅な読書に浸る

店内のスワンズ・バーでは、豪華本に囲まれた優雅な空間で紅茶やシャンパン、軽食が楽しめる。

ダーギュヴィッチ店長は、元衣装デザイナーという経歴を持つ。ウエストエンドの劇場街にも近いこの店を、「本のある暮らしをドラマチックに演出する舞台」ととらえているとか。「本は記憶と深くかかわるものです。ノスタルジックな空間で、いい思い出を作っていただきたい」と微笑む。

店長

マルティーナ・ダーギュヴィッチ

「店長として心掛けているのは、ピープル・パーソン、つまり人と積極的に関わり、周りの人を大切にすること。お客様と話すときには、その本を所有することがどんな意味をもつのか、その本を開いたときにどんな感情や気分が沸き立つのか、私ならではの物語を語るよう心がけています。テクノロジーが生活に浸透していくにつれ、電子書籍では全貌が見られないビジュアル本や、優れたクラフトマンシップが生かされた美しい装丁の本の魅力が見直されています」

ギャラリーのさらに上には、銀行だった頃に店長室だった応接間がある。上顧客とのミーティングや、招待客限定のイベント会場として使っている

Maison Assouline

196A Piccadilly, London W1J 9EY, UK
Tel：+44 20 3327 9370
www.assouline.com/london-piccadilly
月～土10:00～20:00、日11:30～18:00
開店＝2014年　店舗面積：約100㎡　店頭在庫＝約1,500点

メゾン・アスリーンの本をすべて揃える

美食やワインから、ファッションや美術まで、様々な分野の美を追求する美しい本。ディスプレイにも個性が光る。大型本を買うと、アスリーン・レッドの包装紙や袋を使ったギフト梱包を頼める。

ⓐ ルイ・ヴィトンのトランクは1950年代のビンテージ。かつての富裕層は自分の注文通りに装丁した蔵書をこれに詰めて船旅に出た。本『Louis Vuitton Manufactures Book（ルイ・ヴィトンの製造過程の本）』と一緒にディスプレイ ⓑ コロンビアの現代アーティスト、フェルナンド・ボテロの作品集 ⓒ 世界一に輝いたソムリエ、エンリコ・ベルナルド著『The Impossible Collection of Wine（ありえないワインコレクション）』は最高峰のビンテージワイン100本を紹介する。高級ワインのように木箱に収められている ⓓ ディオールの魅力を歴代のデザイナー別に紹介する「ディオール・シリーズ」は全6冊。これはブランド創始者のムッシュ・ディオールの作品を集めた『Dior By Christian Dior（クリスチャン・ディオールによるディオール）』

偶然の発見を楽しむ迷宮

リブレリア

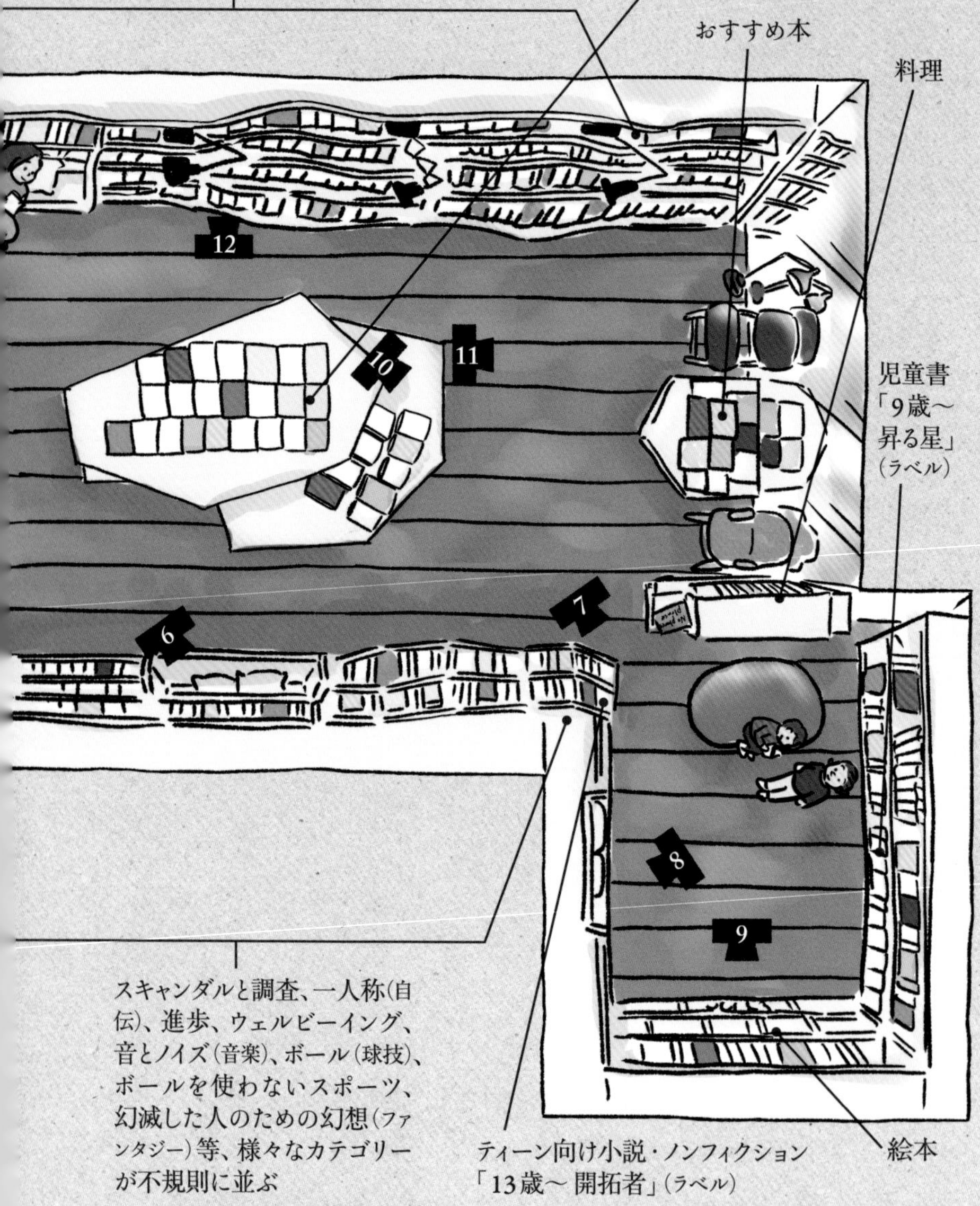

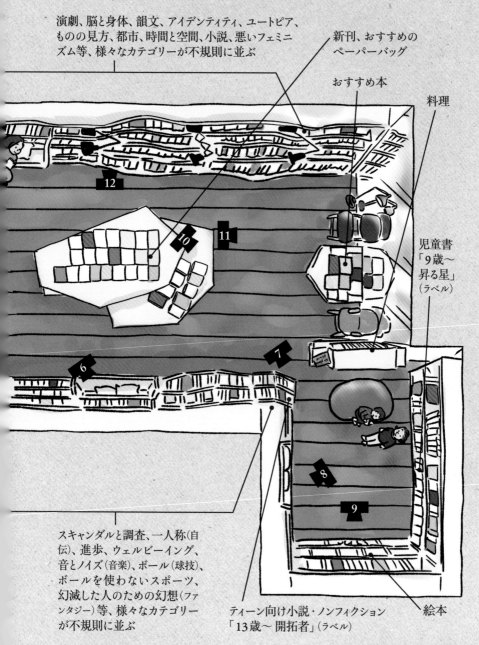

携帯電話は禁止。
ボルヘスの短編
「バベルの図書館」を
再現した空間で、
先鋭的なセレクトの
本の世界を浮遊し、
思いがけない本と
運命の出会いを果たす。

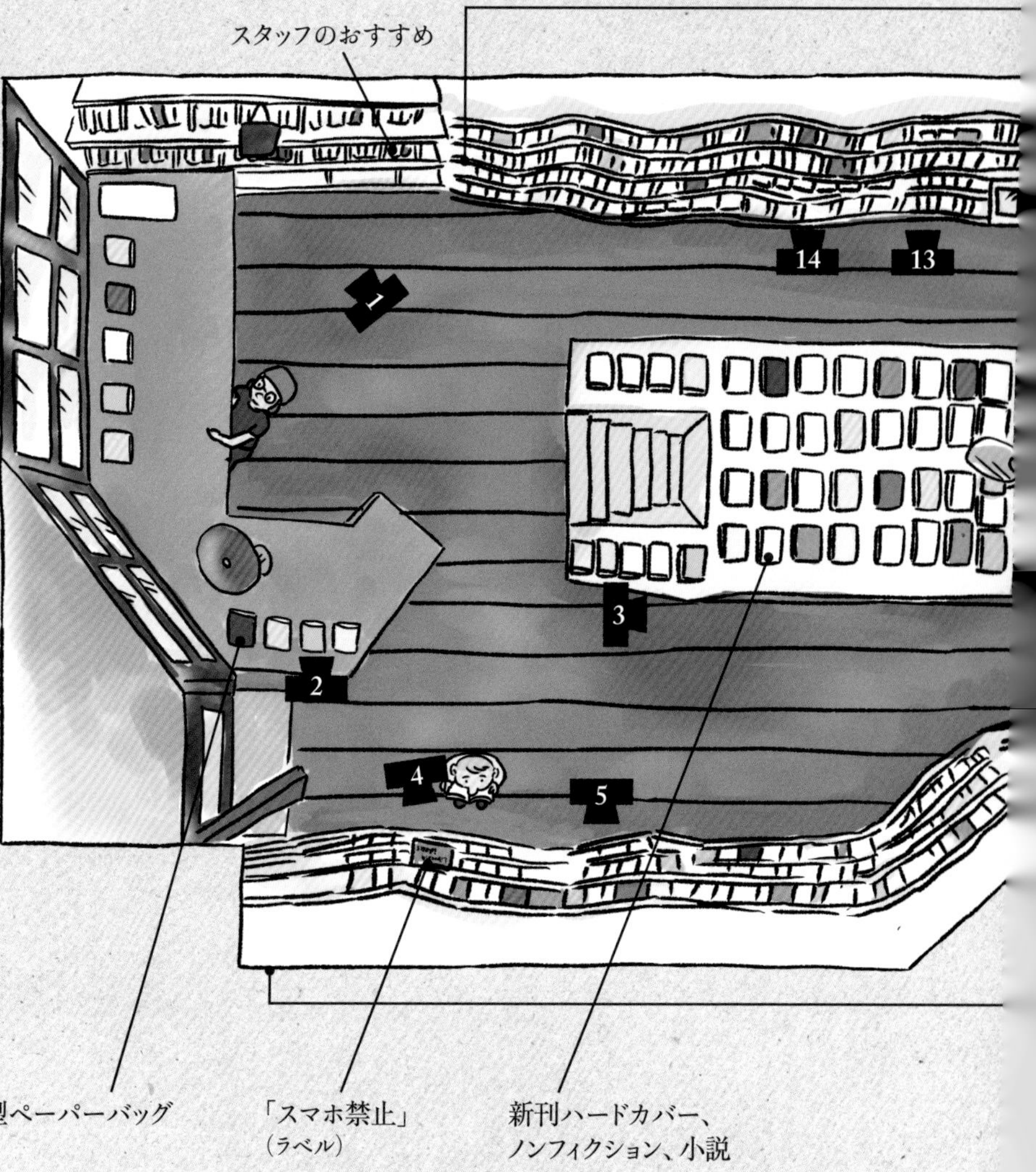

1. シックなブックトートは黒に白のロゴ入り。無漂白の包装紙で包まれた本は、定期購買者向けに発送
2. レジカウンターに置かれたインディー系インク404社の小さなペーパーバック
3. ボルヘスの物語から「かろうじて本が読める薄暗さ」を再現し、無限の奥行きを感じさせる店内
5. 「海と空」の棚には、航海をテーマとしたノンフィクションが並ぶ。その下の短編小説のコーナーは「近道」と名付けられている

ボルヘスも夢見た 無限に続く本の迷宮

見た目も中身もイギリスで一番個性的な書店かもしれない。スペイン語で書店を意味する店名リブレリアは、英語ではライブラリー、つまり図書館を連想させる。内装は、ボルヘスの短編小説「バベルの図書館」をイメージし、くねくねと無限に続くかのような棚、ようやく文字が読めるくらいの薄明かりを実現した。

設計は、スペイン人建築家セルガス・カーノが手がけた。売り場面積は四十四平方メートルにすぎないが、奥の壁は鏡張りで、天井は黒く反射するゴム素材。店内を歩くと空間がどこまでも広がっていくように錯覚する。初めて訪れる人の多くは、奥の鏡の壁まで行ってようやく、実際の奥行が見た目の半分であることに気づくとか。

4.「家とかまど」と名付けられた料理本のコーナーは、ロンドンで人気の地中海料理レストランのレシピ集、中国やインドの家庭料理、定番ヴィーガン料理集等、厳選された品揃え。店内のあちこちに「電話はご遠慮ください」という看板がある
6. 棚の途中に設けられた隠れ家のような小さなベンチは、試し読みを推奨する店ならではの工夫。静かに本と向き合える

独自の分類で提供するセレンディピティ

棚は不規則な曲線やジグザグを描き、進歩、放浪、アイデンティティ等のラベルで分類された本が並ぶ。これを店では「テーマ別のキュレーション」と呼ぶ。文芸もノンフィクションも、ジャンルの垣根を越えて、独自のカテゴリーによって分類されているうえに、ラベルがあまり脈絡なく棚のあちこちに登場するので、本を見つけるには棚を丹念に見ていく他はない。他店では見たことのない棚作りは、風変わりな読書家の書斎に迷い込んだかのような気分にさせる。これが、リブレリアが提案する「セレンディピティ（偶然の発見）によって思いがけない本に出会える書店」というコンセプトだ。

　本のセレクトは、ロイド・サワーバッツ店長が行う。セントラル・セン

7. 子どもの本コーナーの入口に付けられた「Traiblazer（13+）」（13歳〜 開拓者）のラベル
8. 店内の照明は棚のあちこちに取り付けられたランプだけ
9. 絵本のキャラクターのぬいぐるみも
10. 子どもの本コーナーは店の隅で囲まれている。子どもが本を見ている間、大人は安心して自分の好きな本が選べる

ト・マーチンズで美術を学んだが、本好きが高じて複数の書店で働いた。デザインに力を入れた書店では大型のビジュアル本やグッズが多く置かれることが多いが、この店ではハードカバーやペーパーバックを中心に置き、本格的な読書家の期待に応えている。選書の段階でどこに並べるか想定しているが、実際には他の書店員たちが自由に本とテーマを解釈して場所が決まる。これも、セレンディピティを最大限に引き出す工夫だ。

クリエイティブな店づくり 独自のベストセラーも

創業者は店の向かいに本社を構える社会的企業、セカンドホーム。クリエイティブな起業家が集まるシェアオフィスを運営し、創造と革新をもたらすプロジェクトを手がけてきた。社名と同様、まさに本好きが夢見る「第二の

11

12

13

14

11.『Property（不動産）』の出版記念トークイベントの様子。話者は著者で建築批評家・作家のローワン・ムーア。聞き手はやはり建築に関する著作のあるライター、リンジー・ハンリー。入場料はイベントによって違い、無料のこともある（©Libreria）
12〜14. 棚に付くポップの例。毎月の定期購入サービス（サブスクリプション）の内容や、配信するポッドキャストで紹介した本のコーナーも

自宅」のようなリブレリアは、頭上のスピーカーから静かな電子音楽が流れ、あちこちに椅子やベンチが用意されていて、スタイリッシュな空間であると同時に居心地がいい。

トークなどのイベントも頻繁に行い、その音声はポッドキャストで公開する。出演者は小説家、詩人のほか、美術評論家、建築批評家など幅広い。店長の友人である翻訳家が出演し、韓国文学の作品が百冊単位で売れるといったこの店ならではのベストセラーが生まれることも少なくない。

現在オフィス・倉庫として使われている地下のスペースを上映室にしたいという構想もある。本屋の可能性を広げる実験的な試みを推し進めて成功してきたリブレリアから、今後も目を離せない。

店長／
オペレーションズ・マネージャー

ロイド・サワーバッツ

「静かな美しい空間では読書に没頭でき、本と向き合う豊かな時間が過ごせます。スマートフォン禁止は徹底しすぎのようですが、おかげでスクリーンを見るよりずっと充実したひとときが過ごせるはず。私自身、『中途半端なことはしない』という父の教えを受け継いで、自他共に認める完璧主義者です。だからこそ、ここの店長に採用してもらえました。地下の倉庫との間を階段で行ったり来たり、一日1万4,000歩は歩くので、本を読む暇も、太っている暇もありません」

上／買った本には、希望すると店のスタンプを押してもらえる
下／通りに面したスペースが、店長のオフィス兼レジカウンターだ

Libreria
65 Hanbury Street, London E1 5JL
Tel：+44 20 3818 3240
libreria.io
火〜土10:00〜18:00、日12:00〜18:00
開店＝2016年　店舗面積＝約44㎡　店頭在庫＝約3,000冊

クリエイティブな店づくり
独自のベストセラーも

店長が、月ごとに出版社から送られてくる新刊情報に目を通し、「店に期待されている本と、立ち読みで思いがけない出会いをしてもらえそうな本」を選んでいる。常連客の口コミを参考にすることも多い。

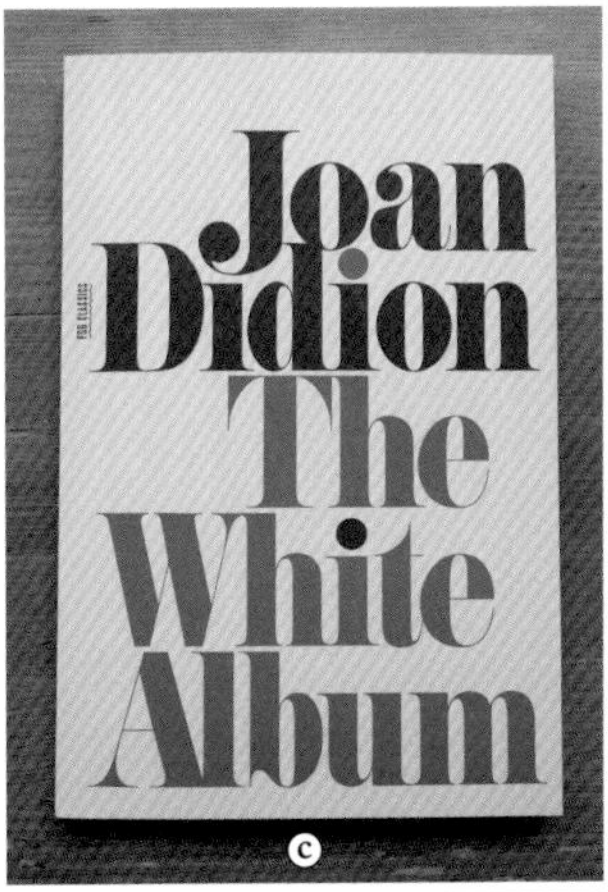

ⓐⓑⓔ 厳選されていて、なおかつ多様性のあるセレクトが特徴。イタロ・カルヴィーノの短編集『Numbers in the Dark（暗闇の数字）』から、青山美智子『お探し物は図書室まで』まで、新旧の翻訳文学が揃う ⓒⓓ ノンフィクションでは、ジョーン・ディディオンの論集『The White Album（ホワイト・アルバム）』や、エドワード・サイードのポスト・コロニアル批評『オリエンタリズム』等、現代的な視点から読み直したい古典を定番として置いている

ケンブリッジの文化生活を支える店

ヘファーズ

A 新刊、おすすめ本

B 古書、法律

C 店のベストセラー10冊

D 英国史、世界史、軍隊史等

E 小説、外国文学等

F 詩、「驚異の部屋」、ペンギン・ブックス

G ティーン向け文学

H SF、ファンタジー、ミステリー等

I 医学、政治経済、宗教等

J 音楽、料理、園芸、健康等(地下1階)

K 児童書(中1階)

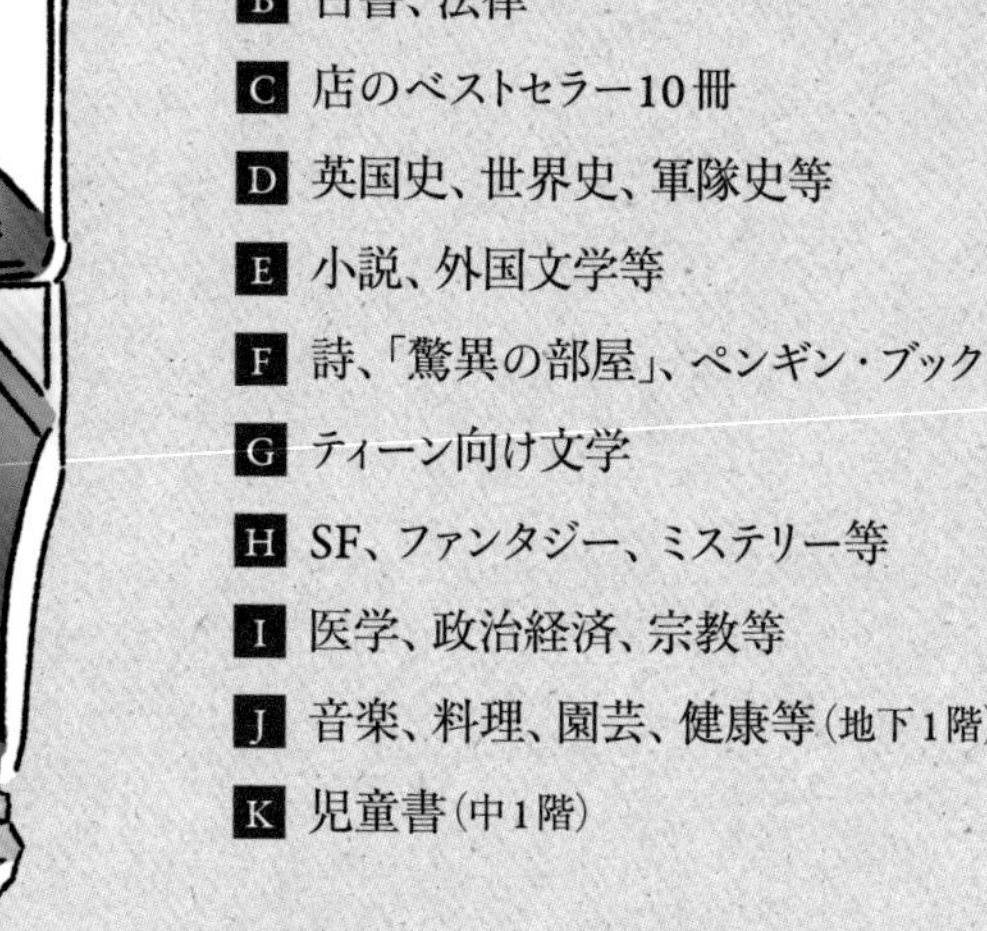

中1階

児童書売り場。1階奥の専用階段からつながる

創業は一八七六年にさかのぼる。
文具店を営んでいた
ウィリアム・ヘファーが、
大学が近くにあることから
書籍も扱うようになったのが店の起源だ。

1. 1階の案内デスク付近。広大な売り場に所狭しと本が勢揃い
2. オーク材の重厚なテーブルは、「THE OAK」と名付けられた店の名物。おすすめの新刊書が日替わりで並ぶ
3. 学生には「アマゾン、ウォーターストーンズ、WHスミスでより安い値段の書籍を見つけた場合は差額を返金する」というサービスを実施

愛され続ける大規模書店

一八七六年創業のヘファーズは、約二十万冊もの本を置く超大型店。中央は大きな吹き抜けでつながり、無限とも思われるほどの本を三フロアにわたって展開する。客の中心はケンブリッジらしく、研究者と学生たち。一階には古書コーナーがあり、大きなナップザックに使い終わった教科書をたくさん入れて売りに来る学生も多い。

近年のイギリスにおいて、独立系の個性的な書店の成功は目にする機会が増えてきたが、これだけ大規模な書店が長年存続している例は数えるほどしかない。現在は学術書販売の分野でのイギリス最大手チェーン、ブラックウエルズの傘下にあるが、名実ともに個性を維持している。アカデミックな人が多いという土地柄に加え、この店ならではの工夫が支持されている。

4.5. とにかく広い店内だが、特徴あるコーナーがあちこちにある。赤いシールが貼られている割引本等、自分だけの宝物を探す楽しみも
6. 店員は常に15人ほどが勤務。売り場でも見つけやすいように、ロゴ入りTシャツを着ている
7. 1階から地下のコーナーへと至る吹き抜けの空間

約千二百平米の売り場を整えるフレンドリーなスタッフ

店長のケイト・フリートによれば、安定した人気の一番の秘訣は、大規模書店でありながらも家庭的な雰囲気を維持していること。「書店員にとって最も重要なのは、本が好きだという情熱をお客さんとシェアできる能力。お客さんが来店時以上に幸せな気持ちで店を出られるように、といつも話しています」。実際、取材中には何人もの店員が「何しているの？」と声をかけてくれたり、おすすめの本を紹介してくれたりした。働く人がみなフレンドリーで、仕事を楽しんでいる様子が伝わってくる。

　書店員がいきいきと仕事をしている背景には、それぞれの興味と得意分野に応じて、本のセレクトや並べ方、そしてポップの内容についてはかなり自

10

11

8

9

8. 書棚で区切られた空間が壁に沿って連続していて、お気に入りの一角でじっくり本と向き合える。ここはハードカバーの全集が並ぶ古典文学のコーナー
9. イギリスの作家サラ・ペリーの小説『Melmoth（メルモス）』を特集したテーブル。作品のインスピレーションになった1820年出版のチャールズ・ロバート・マチューリンによるゴシック小説『放浪者メルモス』も一緒に
10. オックスフォード大学出版局による文学全集の表紙が、売り場の表示に使われている。これはジェーン・オースティン『マンスフィールド・パーク』
11. シェイクスピアは様々なフォーマットの全集が揃う

由に任されていることがある。特に二階、吹き抜けを囲んでコの字型の文学売り場は圧巻だ。向かって左側には純文学がアルファベット順に、右側にはいわゆる大衆文学が並べられているが、「驚異の部屋」と名付けられたコーナーや、ファンの間で有名な店員、リチャード・レイナーによるミステリー小説の選書などところどころに見どころがある。また、ギャラリー奥の階段を下りると広い児童書コーナーがある。レジもここ専用にあり、まるで店内に別の本屋がもう一軒あるような充実ぶり。子どもも親もゆっくり本に親しめる。

選書や推薦は新刊・既刊問わず

さらに、ボードゲームの品揃えにかけてはイギリス一という意外な顔もある。「研究者の間に愛好者が多いんです。近年は一般の方からの人気も高まっていますね」と店長。

12. 2階の文学売り場は、壁際の棚のほか、1階を見下ろす吹き抜けの周りにもぐるりと本
13. 右／映画『DUNE/デューン 砂の惑星』の原作、フランク・ハーバートのSF大河小説『デューン砂の惑星』等、作品によっては2人の書店員によるポップが仲良く肩を並べる。左／天井まで本がぎっしり。上の棚から取るときのために木の脚立が置かれている

大型店だが、本においても、客のニーズに合わせた独自のセレクトをしている。新刊でなくとも「ヘファーズのおすすめ」として紹介していると、この店ならではのベストセラーになる。たとえばアメリカの詩人シルヴィア・プラスの小説『ベル・ジャー』（一九六三年）や、パリ在住のアメリカ人作家デヴィッド・セダリスのエッセイ集『すっぱだか』（一九九七年）など。年間百五十以上行うイベントのなかには、こうした既刊のサイン会やトークショーも含まれる。

入口には、傘下にあるチェーン、ブラックウェルズの標語「For Learning, For Life」（「学ぶために、人生のために」とも「一生、学ぶために」とも読める）が掲げられている。読書の奥深さと幅広さを改めて感じさせてくれる本屋は、イギリスが世界に誇る大学都市ケンブリッジにふさわしい。

上／「すべての子どもは大人になる。一人を除いて」。廊下の黒板には、ジェームス・マシュー・バリー作『ピーター・パン』等、有名な児童文学の冒頭部分と、本を読む子どものイラスト
中・下／1階奥の専用階段を下りると、子どもの本の売り場。イギリスの絵本作家デビッド・マッキーの名作『ぞうのエルマー』を思わせるパッチワークをモチーフとしたインテリアが楽しい

書店員

ウィル・ボショーテン

「ヘファーズは、伝統とアイデンティティのある老舗で、知識を愛する人たちが集まって運営しています。比類のない本屋であり、大学都市であるケンブリッジにはなくてはならない存在です。ここで様々な視点と専門知識を持つ読書家のお客さんと話したり、フレンドリーな同僚たちと情報交換したり。書店員の仕事は、自分の学びにもつながっていると実感しています」

Heffers Bookshop

20 Trinity Street, Cambridge CB2 1TY
Tel: +44 1223 463200
www.facebook.com/HeffersBooks
月・水〜土9:00〜18:00、火9:30〜18:00、日11:00〜17:00
開店：1876年　店舗面積：約1,200㎡　店頭在庫：約20万冊（7万点）

すべてが揃う超大型書店

何本もの太い柱が天井を支える広大な売り場に、所狭しと本が並ぶ超大型店。特に文学売り場は、図書館並みの充実ぶり。英文学の有名作品から世界の翻訳文学までを網羅する。

ⓐ ジョージ・オーウェル『動物農場』、トマス・ハーディ『テス』、エミリー・ブロンテ『嵐が丘』等、英文学の古典の新装版　ⓑ オランダ発の話題作、紀行文形式の歴史論ヘールト・マック『ヨーロッパの100年』　ⓒ ⓓ ルース・オゼキ『あるときの物語』、川村元気『世界から猫が消えたなら』、ヨナス・ヨナソン『世界を救う100歳老人』とポピュラーな現代文学も多数

独立系書店リバイバルの火付け役

ジャフェ・アンド・ニール

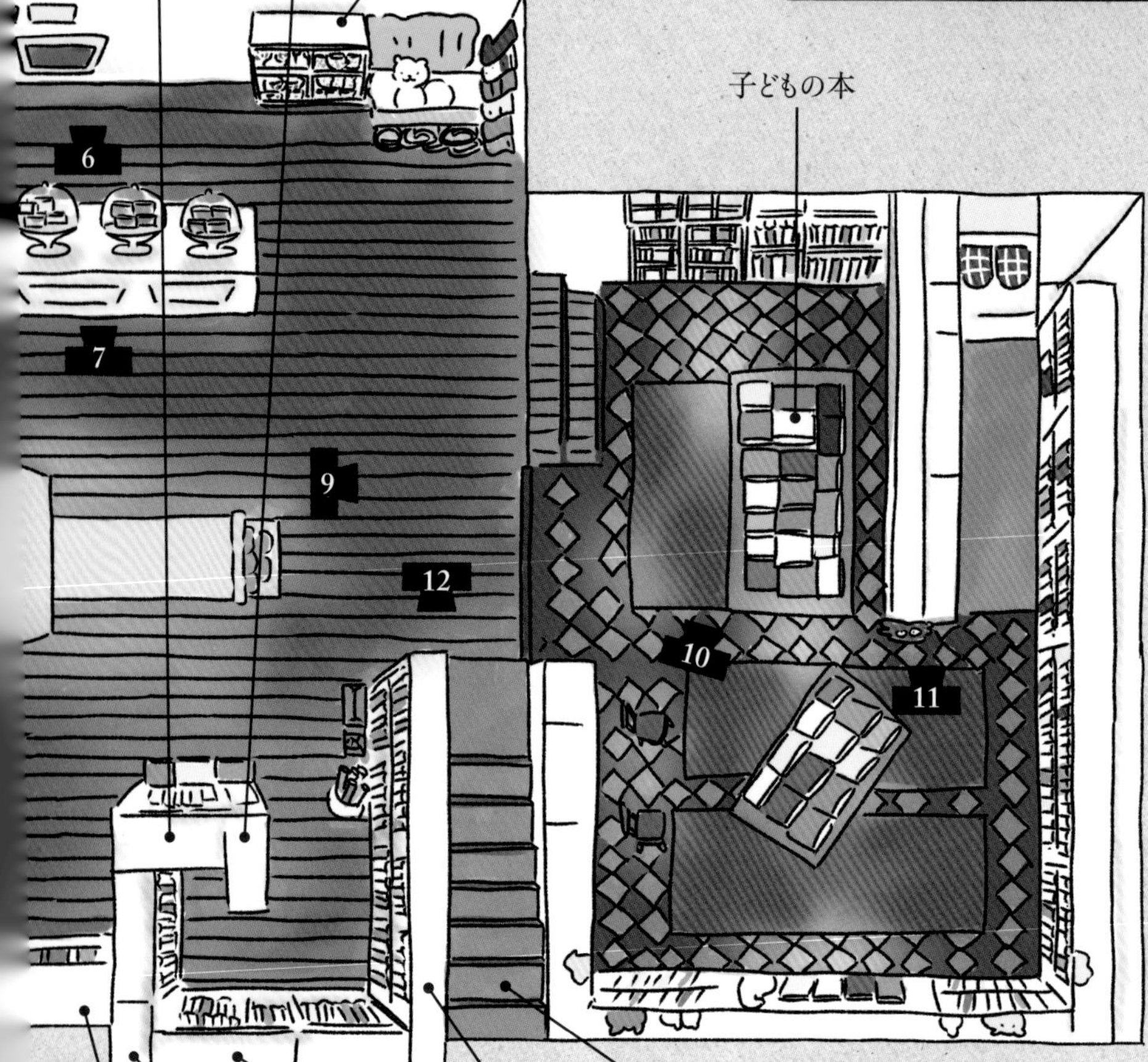

コッツウォルズの歴史ある
マーケット・タウンにあり、
近年のイギリスで
最も成功したといわれる
独立系書店。
店主はそのノウハウを
様々なかたちで紹介し、各地に
独立系書店が生まれる土壌を作ってきた。

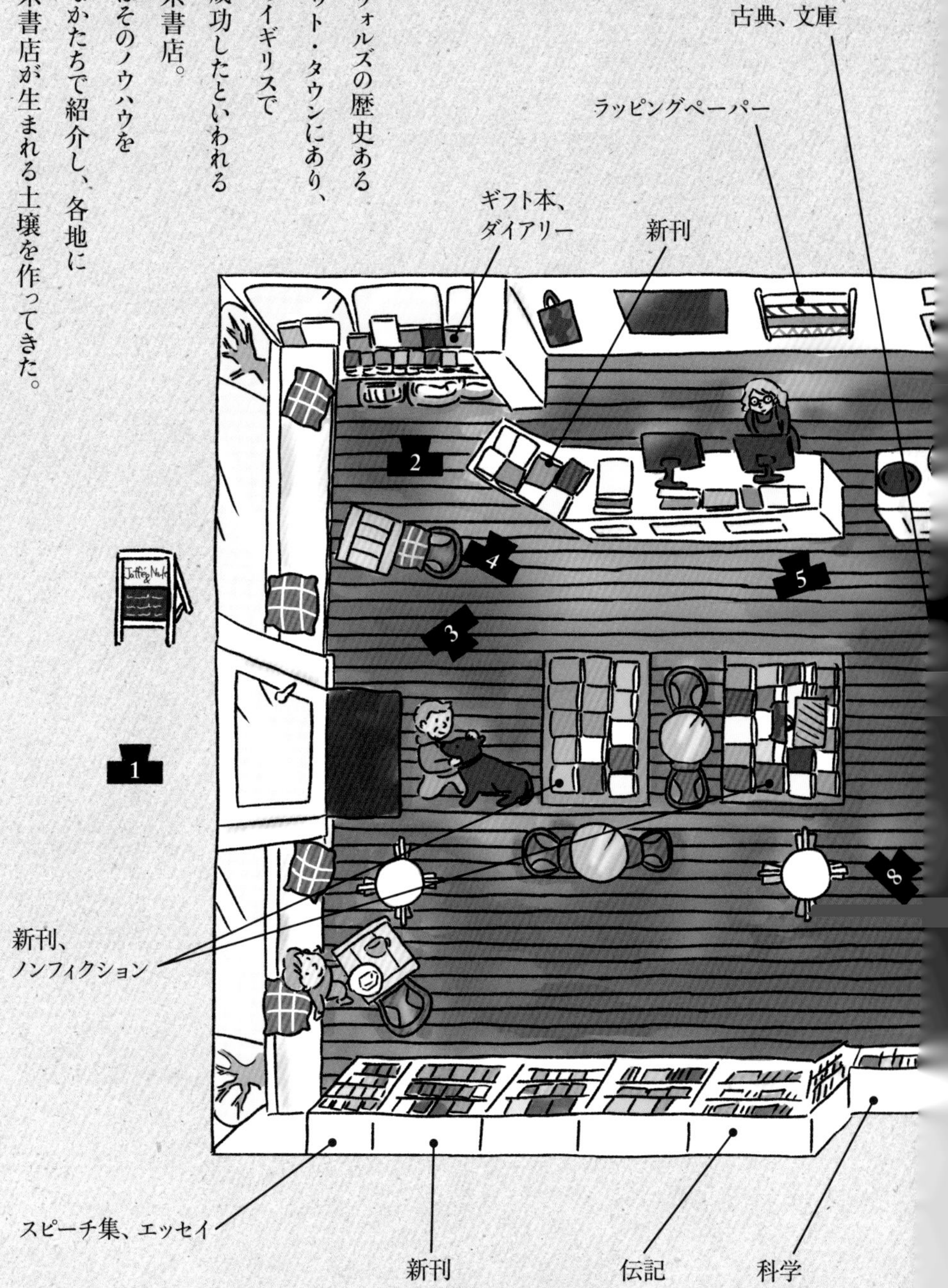

1. 開店中のサインでもある店の前の黒板には、待望の本の発売を告げるメッセージが書かれている
2. 入口のテーブルには、ギフト向けの本やカードを並べている。窓の向こうにはコッツウォルズらしい石の建築の家並みが見える
3. 本棚や平台の周りにも赤い椅子がたくさん置かれていて、カフェと本屋の間には境界がない

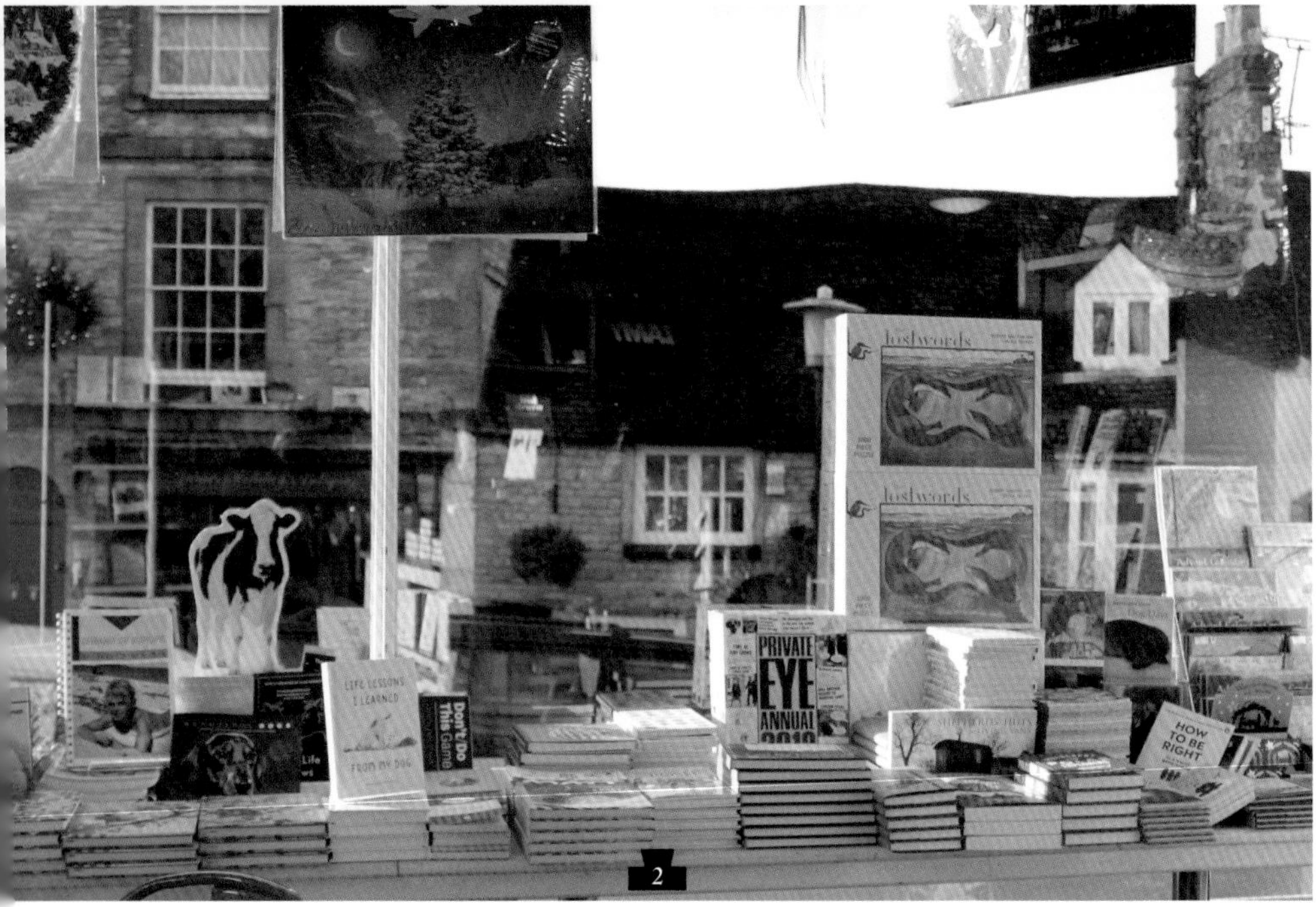

無名の町に有名書店が誕生するまで

ジャフェ・アンド・ニールは近年のイギリスで最も成功した独立系書店と言われ、店主のパトリック・ニールは、書評誌への寄稿、イギリス書店協会が開催する「書店起業のための講座」の講師としての活動でも知られる。

共同経営者である妻ポリー・ジャフェとともに大手書店チェーン、ウォーターストーンズの元社員で、大規模なグラスゴー支店の店長経験もある。ロンドンから電車とバスで三時間、コッツウォルズにあるが観光地ではないチッピングノートンで店を開くことを決めたのは、妻の実家のある町だから。幼い息子三人の子育て中だった夫婦は、出資を渋る銀行を説き伏せ、二〇〇一年に夢を実現した。

二〇〇六年には現在の店舗に拡大移

4. 顔見知りの店員に本を選んでもらうのを楽しみにしている常連客も。店員に長く働いてもらえるよう気を配る

5. 近郊に別荘を持つカズオ・イシグロが訪れた際には、イシグロの著書が一冊もないことに気づいて冷や汗が出た。イシグロは「いい本屋さんですね」と言って立ち去り、後日サインした自著を贈ってくれた。以来、店では著書を絶やさない

転し、カフェを併設した。コロナ禍を経てリモートワークが一般化した流れを受けて、大都市から町に引っ越してくる人が増えたこともあり、書店は今も順調に売れ行きを伸ばしている。

カフェの雑音の効用と親しみやすい店づくり

カフェを含む魅力的な空間づくりは、アマゾンや大手チェーンに対抗する決め手となる。「店で心地よい体験をしたお客さんは、少なくともときどきはアマゾンでなく店で本を買ってくれる」とニールは言う。カフェの人件費はコストの六割を占める一方で、売上げは店全体の三割にすぎない。しかしカフェがあることで客の滞在時間が伸び、「ちょうどいい雑音」が生じるおかげでリラックスして本に親しめる雰囲気も生まれ、本の売れ行きにつながっている。

7

6

8

6. ヴィクトリアスポンジケーキやスコーン等の伝統菓子に加え、グルテンフリーのみかんケーキ、パトリックさんがチャリティーのトレッキングに持参した「50マイル・フルーツケーキ」等のオリジナルもメニューに並ぶ
7. 店主の友人のお菓子職人がイギリス製のガスオーブンで焼いたお菓子は素朴なおいしさ。たくさん本を買った客には、コーヒーをサービスしている
8. もとはアンティークショップだった建物。本屋になっても宝探しの楽しみは健在

親しみやすさは、選書においても重視している。店に入ったときに知らない本ばかりだったら萎縮してしまうが、よく知っている題名や著者名が目に飛び込んできたら安心でき、知らない本を手に取ってみようという気にもなる。そこで、店主自身が惚れ込んだ現代文学等を平積みにしつつも、誰もが知っているロングセラーも目立つ場所に陳列してバランスをとる。

客の心をつかむには リアルな体験を共有すること

近年イギリスで独立系書店が好調なのは、「人間どうしのふれあいがあるから」とニールは考えている。「デジタル時代だからこそ、同じ興味を持つ人とのリアルな体験を人は求めている。書店でも、成功するのはそんな波にうまく乗れる店です」

現在の店舗は、歴史建造物に指定さ

9

9. 読書生活のおともにぴったりのティーカップや室内ばき等のグッズのコーナー。ジャフェが注意深くセレクトしている
10. 店の一番奥にある子どもの本のコーナーは、低いテーブルに絵本を並べ、小さい子が自分で手に取って本を選べるように工夫。ページが傷んだ場合は出版社に交換してもらっている
11. デイジー・ハーストの絵本『I Don't Like Books Anymore（もう本は好きじゃない）』のキャラクター、アルフォンソの看板の奥は子ども専用の読書コーナー

11

10

れている一七九六年築の建物で、天井等に美しい装飾が残る。この空間を最大限に生かし、ハリー・ポッターの最終巻が出版された二〇〇七年には午前〇時に発売解禁を祝うパーティーを開いた。毎年4月は「チッピングノートン文学フェスティバル」と題してほぼ毎日イベントを開催するほか、作家ジャネット・ウィンターソン、モンティ・パイソンのコメディアンであるマイケル・ペイリンら、豪華なゲストを招いて多彩なイベントを行っている。

そして最も大事にしているのは、優秀なスタッフにより、日常的にお客さんの本選びをサポートし、信頼を得ることだ。「誕生日のプレゼントを探しにきたお客さんに、相手の特徴を聞いて完璧な一冊を選んであげられれば、お客さんは定価でも喜んで買い物をしてくれるでしょう」

12.1階の奥に、階上の売り場への階段がある。手作り感あふれる「フィクション」の表示が目印
中／歴史建築ならではの天井の装飾が美しい2階の売り場は店主が選りすぐった小説が並んでいる。新刊だけではなく、翻訳文学も含めた有名無名の作品が並ぶ
下／2階の廊下には古書の棚があり、常連客に人気

店主
パトリック・ニール

「本屋を成功させる十カ条を公開しましょう。1.ロケーション。2.リサーチと準備。3.親しみやすく居心地のいい空間。4.お客さんの信頼を育む。5.定番ととがったセレクトをバランスよく置く。6.優秀なスタッフを大切にする。7.たまにしか来ないお客さんも大切に。8.ときどきだけでいいからアマゾンではなく店で買ってもらうことを目指す。9.お客さんとの本についての対話を大切に。10.時代の波に乗って店を成功させる気概を持つ。あとは店の経営を楽しむことですね」

Jaffé and Neale Bookshop & Café

1 Middle Row, Chipping Norton, Oxfordshire, OX7 5NH
Tel:+44 016 0864 1033
www.jaffeandneale.co.uk
月～金9:30～17:30、土9:00～17:30、日11.00～17:00
創業＝2001年　店舗面積＝約93㎡　店頭在庫＝約5,000冊

本格派の文芸書も取り入れつつ 町の本屋らしく親しみやすいセレクト

ラジオの文化番組や新聞から情報を仕入れ、定番の本と店主が主観的に勧めたい本の間に絶妙なバランスを心がけている。プレゼントや気軽な読み物を探す人にも、コアな文学ファンにも応える幅広く良質なセレクト。

ⓐ 詩のコーナー。有名な英文の詩を366集めた『A Poem for Every Day of the Year』、イギリス現代詩人サイモン・アーミテージの詩集等 ⓑ 文学賞の受賞作・候補作は欠かさず、サイン本はオリジナルの青い帯をつけて販売。アメリカ人作家アン・パチェットの『The Dutch House（オランダの家）』 ⓒ 古書のコーナーには、レイモンド・チャンドラー『大いなる眠り』、村上龍『イン・ザ・ミソスープ』等厳選された世界の文学が並ぶ ⓓ 人生の一コマについて静かに語りかける『Hundred: What You Learn in a Lifetime』

歴史を誇る 名門大学運営の書店

ケンブリッジ・ユニバーシティー・プレス書店

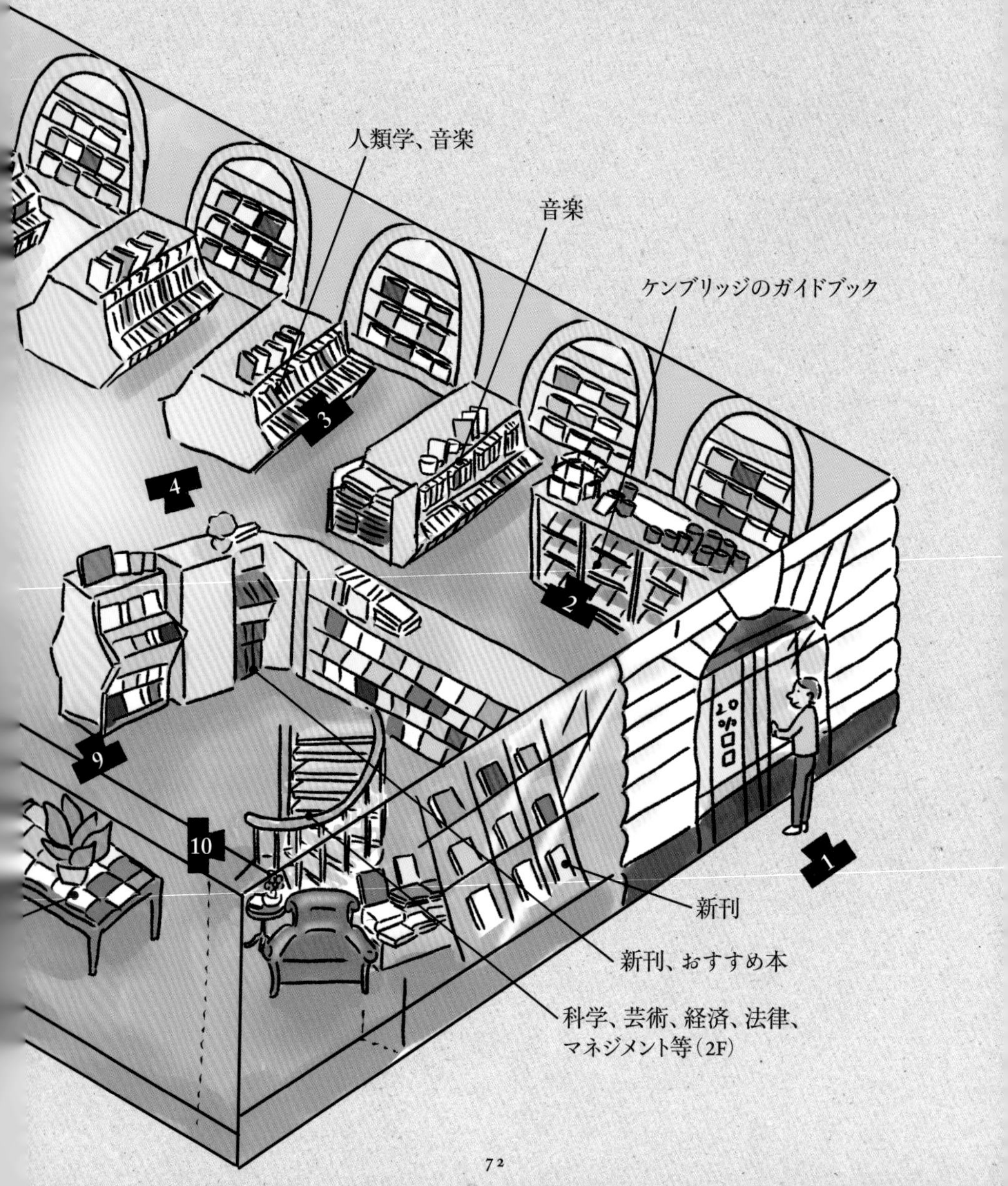

ここはイギリスで最も古くから
書店があった場所。
経営者は変わりつつも、
一五八一年から途切れず今に至る。
現店舗の運営は
ケンブリッジ大学の出版局。

Books have been sold
continuously on this site
from at least 1581, which
makes it the oldest known
bookshop site in the country.

ケンブリッジ
CAMBRIDGE UNIVERSITY PRESS
Japanese

1.ウィンドウには「この場所で、遅くとも1581年には本が売られていました。以来、途切れることなく書店が営業してきたイギリス内最古の場所です」との文字
2.店はケンブリッジの旧市町の中心にあり、大学の公式ガイドブックは各国語版を揃える。絵はがきやマグカップ等ギフトグッズも充実

一六世紀から書店が続く ケンブリッジの名所

ケンブリッジのトリニティ通り一番地は、一五八一年以降、イギリスで最も古くから書店が続く場所だ。周辺には一六世紀以降次々と書店が誕生し、一時は書店町の様相を呈していた。

一九九二年からここで店を運営するのはケンブリッジ大学の出版局であるケンブリッジ・ユニバーシティー・プレス書店だ。創業は一五三四年で、イングランド王ヘンリー八世の特許状を得て設立された世界最古の出版社である。一六一一年にはイングランド王ジェームズ一世の命による欽定訳聖書を出版し、のちのイギリスの文化や英語の文体・表現に多大な影響を与えた。一七一三年には、科学史上最も重要な著作とされるニュートンの『自然哲学の数学的諸原理』第二版（初版は自費出

3. 音楽のコーナー。モーツアルトからビートルズ、ボブ・ディランまで幅広いラインナップ
4. 壁の時計が学校のような雰囲気。「新刊のハイライト」の棚は、アラン・チューリングの母親による伝記の改訂版、17世紀の詩人ジョージ・ハーバートの詩集等、ありとあらゆる知の領域にまたがる本が並ぶ
5. 歴史を感じさせる梁や柱。什器や窓枠も木製で温かみがある

版）を刊行。現在、出版物リストには学術書を中心に五万冊ほどが並び、大学出版局として世界第二の規模を誇る。扱う分野は「アート（Art）から動物学（Zoology）まで」、つまりすべての学問分野を網羅している。

この出版局も書店も、ケンブリッジ大学の組織の一部で、利益はすべて大学の活動に還元される。店には出版局の書籍の約半数にあたる二万五千点ほどを置く。さらには、過去に出版されて絶版になっている膨大な数の本をオンデマンドで印刷するサービスと発送も行い、世界中の研究者や学生たちに貢献している。

学術書を揃えつつ
親しみやすさを演出

世界有数の歴史と権威を誇る書店であり、大学出版局のショールームであることが第一の役割だが、店構えは明

7

6

8

6. 地域研究のコーナー。あちこちにテーブルや椅子が置かれている。午後の読書に耽る人も
7. 文学研究のシリーズ「The New Cambridge Companion to」は、文学史上重要なテーマや作家についての論文を集めている。歴史的背景から、代表作の紹介と批評、後世に与えた影響までがわかる
8. 大きな面積を占める政治のコーナー。テーブルには新刊書や売れ行きの良い教科書に使われる本を集めている

るく親しみやすい。入口にはケンブリッジの町と大学にちなんだマグカップ等のグッズやガイドブックが置かれている。中央にレジカウンターがあり、まるで観光案内所のような造り。「トリニティー・カレッジはどこですか」などと道案内を求める人も少なくないが、店員は快く応じる。

大きな窓から自然光が差し込み、淡いグレーを基調にした店内は明るく開放的だ。太い木の梁や装飾のある柱は歴史を感じさせる。誰かが歩くたびに木の床がきしむ店内で、研究者や院生らしき客がゆっくり品定めをしている。ケンブリッジの日常がここにある。

伝統を未来へつなぐ

ブックショップ・ビジネス・リードのアラステア・リンは、大学出版局の書店としての役割を果たしつつ、一般の読者を店に呼び込むための工夫を重

9. 1階中央に馬蹄型のレジカウンターがあるのは、開かれた書店を目指す姿勢の表れだ。ここからはフロア全体が見渡せる。初めて入ってきた客も店員に声をかけやすい。観光案内もすすんで行う
10. 螺旋階段の脇には、2階の案内板がある
左／主に科学を扱う2階の売り場。店は大通りの角地にあり、窓から入る自然光が気持ちいい

ねてきた。二〇二二年に三十周年を迎えて以来、幅広い読者を対象とした著者イベントを積極的に開催している。母の日にちなんで母性や育児、家族研究の本を集めたウィンドウやテーブルを設け、毎年恒例のケンブリッジ・フェスティバルに合わせて新刊の中から一般向けの本を選んでトークを行う。また著者によるウェビナーを企画し、無料で開催している。

伝統と名声に甘んじることなく、時代にふさわしい工夫とお客さんへの思いやりによって、ケンブリッジ大学の英知を幅広い人たちに伝える本屋さん。「うまくいけば、今後も数百年、ここトリニティ通り一番地で本を売り続けることができるかもしれません」とリンは語る。

ブックショップ・ビジネス・リード

アラステア・リン

「地元ケンブリッジのアングリア・ラスキン大学出身です。学生時代にこの書店でアルバイトをしていたのですが、あまりに居心地がよくて、結局居ついてしまった。結局、1997年以来ずっと勤めています。最初は敷居が高い店だったのですが、その後20年余りをかけて、お客様が楽しい時間を過ごせるように、インクルーシブで居心地のいい空間にする努力を続けてきました。幅広い人に、店の扉、そして本の扉を開けてもらうのが目標です」

上／猫の表紙が目を引く『Introduction to Quantum Mechanics（量子力学入門）』第3版。大学の教科書としても使われている
中／客の多くは大学関係者。本を数冊確保して店内で読みふける学生の姿も
右下／ニュートンの肖像と著書のタイトルページが飾られている
左下／1984年から刊行された複数の研究者による共著『History of Judaism（ユダヤの歴史）』

Cambridge University Press Bookshop

1 Trinity Street, Cambridge CB2 1SZ
Tel:+44 12 2333 3333
www.cambridge.org
月～土9:00～17:30、日11:00～17:00
開店＝1992年　店舗面積＝約160㎡　店内蔵書＝約2万5,000冊

ケンブリッジ大学の英知が詰まった書店

外国人向けの英語のテキストや問題集、大学の授業で教科書として指定される入門書から、ノーベル文学賞を受賞した研究者による最新の研究書まで、ありとあらゆる分野とレベルのアカデミックな本が揃う。

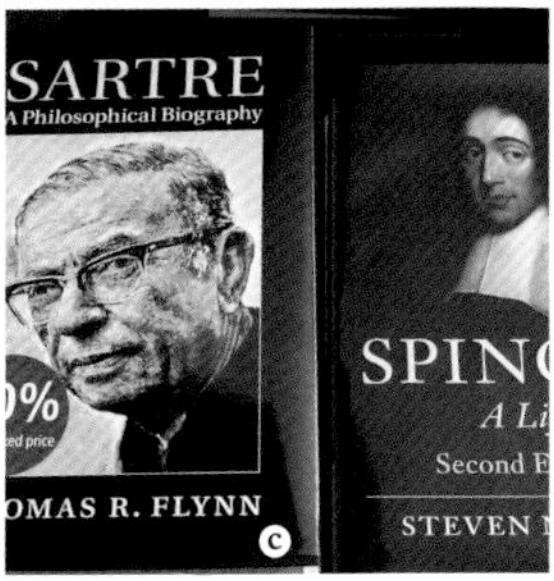

ⓐ 古典文学のペーパーバックシリーズ。チャールズ・ディケンズ『クリスマス・キャロル』『大いなる遺産』、ルイス・キャロル『不思議の国のアリス』、ジェームス・マシュー・バリーが『ピーター・パン』の後に書いた小説『ピーターとウェンディ』等、一度は読みたい名作が揃う ⓑ 大学生が論文の書き方の基本を学べる『A Student's Writing Guide（文章の書き方学生向けガイド）』、研究者向けの『Writing Successful Academic Books（成功する学術書の書き方）』 ⓒ 第一人者が論ずるサルトルやスピノザといった哲学者の研究書 ⓓ 1900年から現代までの文学の研究書を集めたコーナー。ピーター・ボクサル著『The Value of the Novel（小説の価値）』は、小説の倫理的、政治的、文学的な価値を、17世紀から現代の小説までを例にとって論じる

気鋭の建築家・デザイナーが競演

タッシェン・ストア・ロンドン

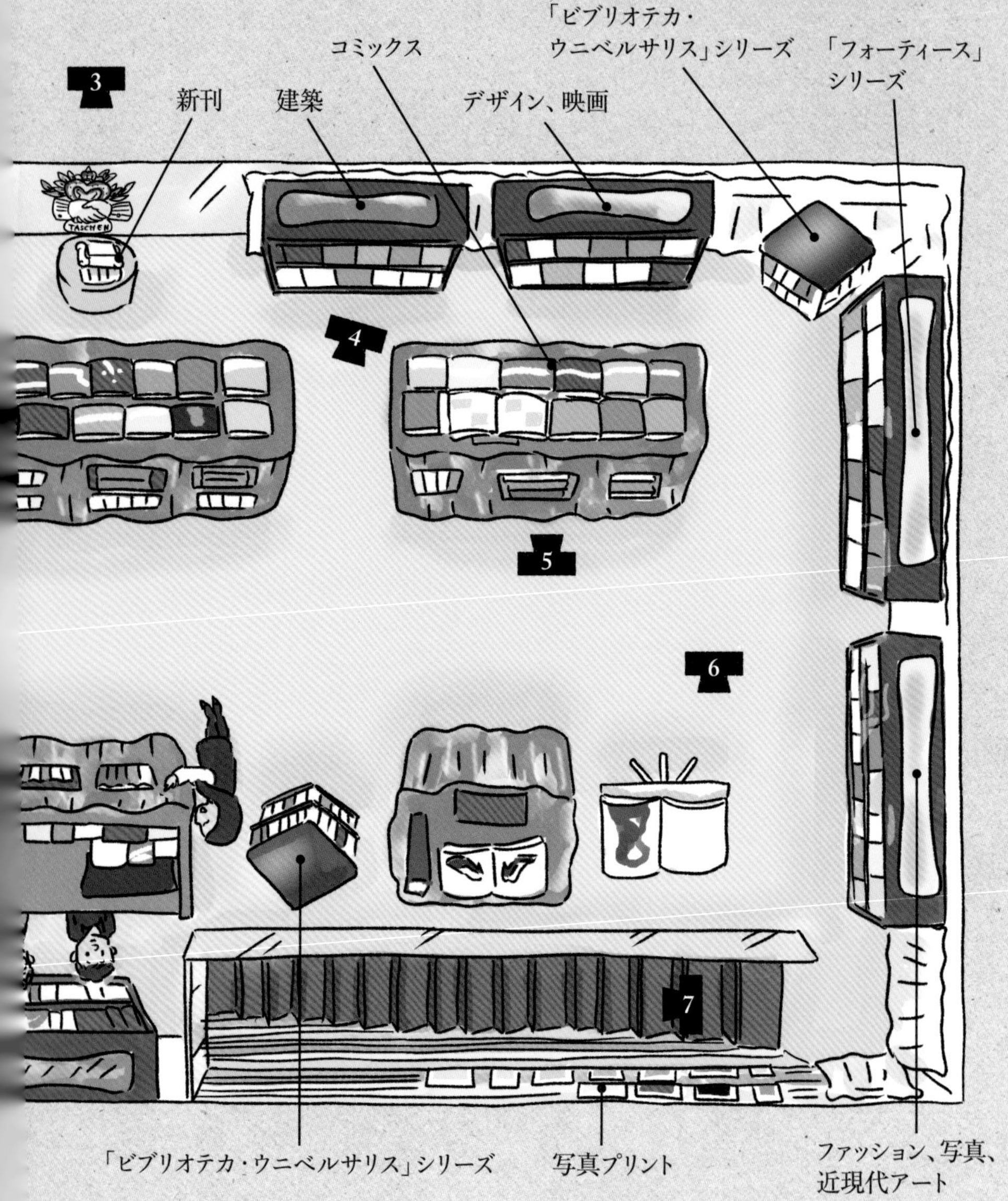

クオリティの高い
アートブックで定評のある
ドイツの美術出版社、
タッシェン直営の書店。
手頃な入門美術書から、
限定版の超大型画集まで、
出版社のすべてのタイトルが揃う。

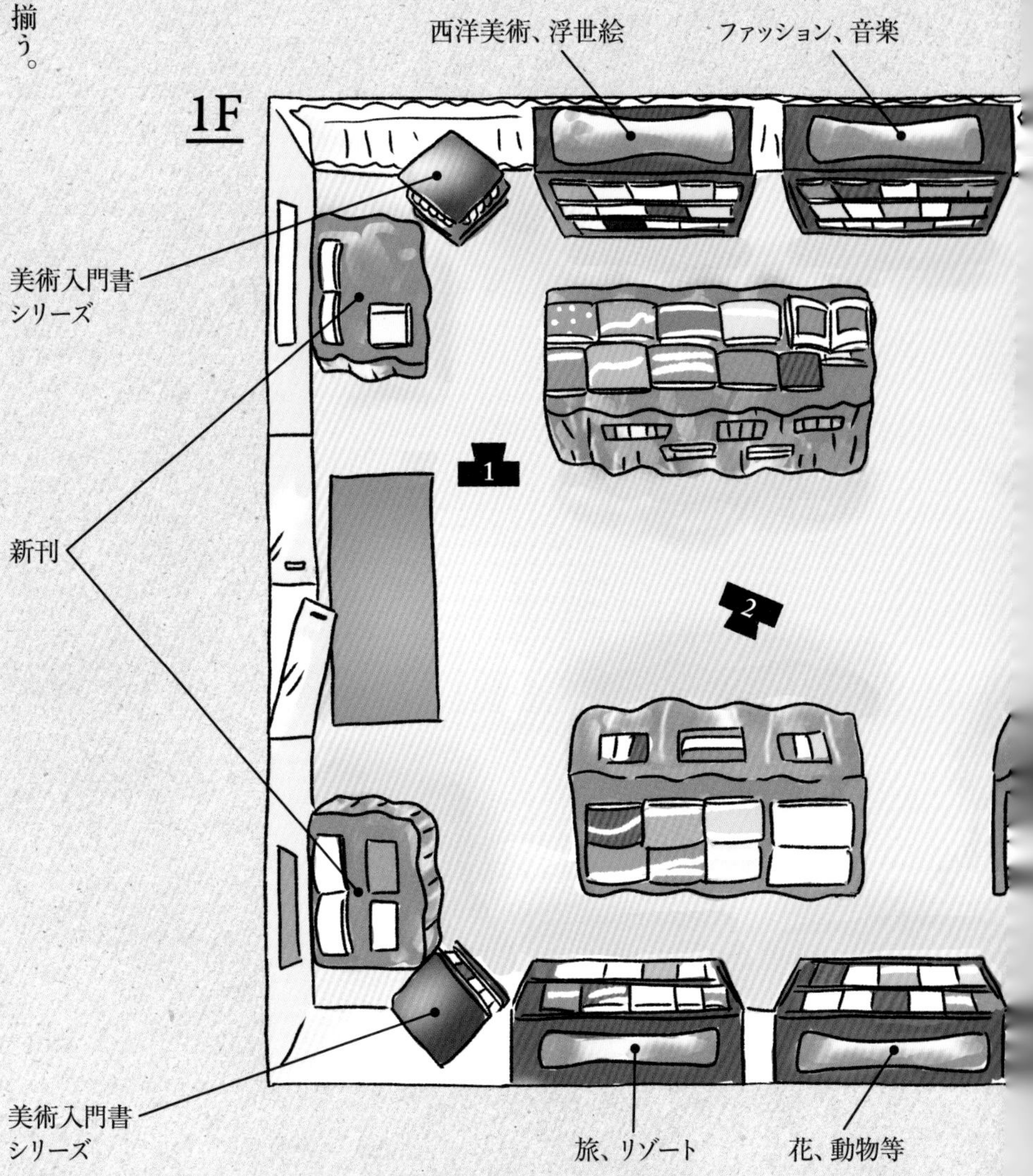

1. フィリップ・スタルクのデザインによる、透け感のある白いカーテンとブロンズの棚が印象的
2. 日照のよさを生かした真っ白の空間に、鋳造ブロンズ製の木の株のようなデザインの台が規則正しく置かれている
3. タトゥーのようなデザインのネオンサインの看板の下に、新刊の大型写真集をディスプレイ
4. 壁沿いの棚の前が、オープンな設計のレジ兼案内カウンター

十八歳で書店を創業 アートブックの革命児

タッシェンは一九八〇年、ドイツ人ベネディクト・タッシェンが創業したのが起源。第一号店は、一九歳の誕生日の前日、地元ケルンで創業したアメリカン・コミックスの古本屋「タッシェン・コミックス」だった。やがて、ピカソの作品集等の出版業にも進出し、「アートブック市場の民主化」を掲げて成功を収めた。

値段も民主的 美術書をすべての人に

タッシェンの顔と言えるのが、定番の入門（イントロダクション）シリーズだ。シンプルなソフトカバーとクオリティの高い印刷で、有名アーティストの画集やシュルレアリスムといった過去の芸術運動の作品集を揃えている。

5. 6. タッシェンの本は「自宅で自分だけのライブラリーを作れるように」という趣旨で、シリーズごとに判型が定まっている。新刊書を入荷した際にも、ぴったり収まるサイズの台、壁の棚、回転棚に収めるだけで済むので、ディスプレイを変えやすく、店内を常に美しく保てる
7. 1階から地下フロアへの階段を見たところ

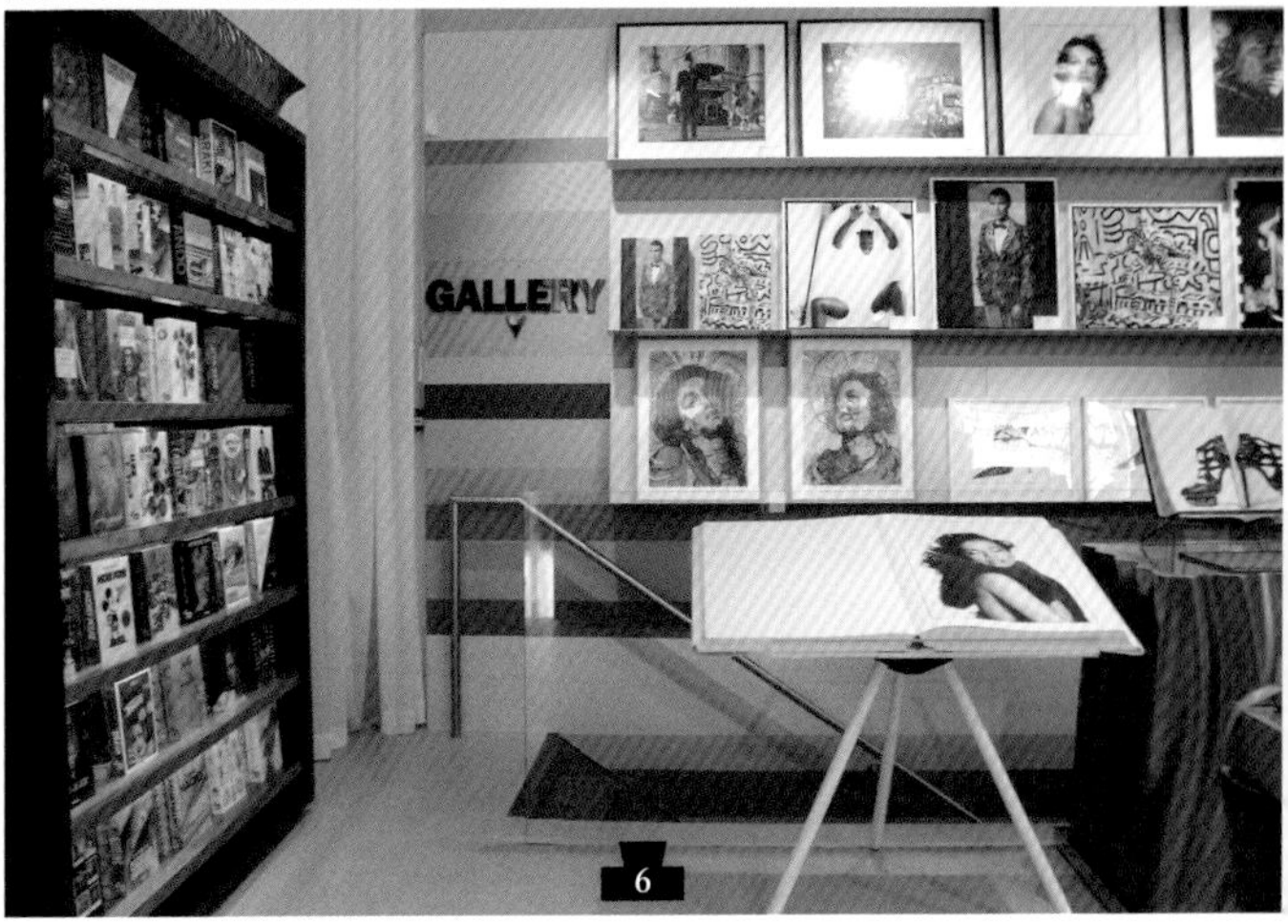

他にもコンパクトな判型に画集や写真集を収めた「ビブリオテカ・ウニベルサリス」や、二〇二〇年に創立四十周年を記念して立ち上げたテーマ別の作品集「フォーティース」シリーズは特に人気が高い。

一方で、XL、XXL、それにSUMO（スペイン語の「至上の」という形容詞に基づくタッシェン独自の判型）と呼ばれる大型から超大型の画集・写真集も出版している。SUMOは英語・フランス語・ドイツ語・イタリア語の四カ国語版で、初版は通常九十九部〜数百部の限定販売。アーティストのサイン入りで、版画や写真のプリント、さらにはその本専用にレンゾ・ピアノや坂茂ら建築家がデザインしたブックスタンドがセットになって販売され、好きなページを開いておける設計になっている。まるでアートを飾るように大型本を常に眺められるという工夫だ。

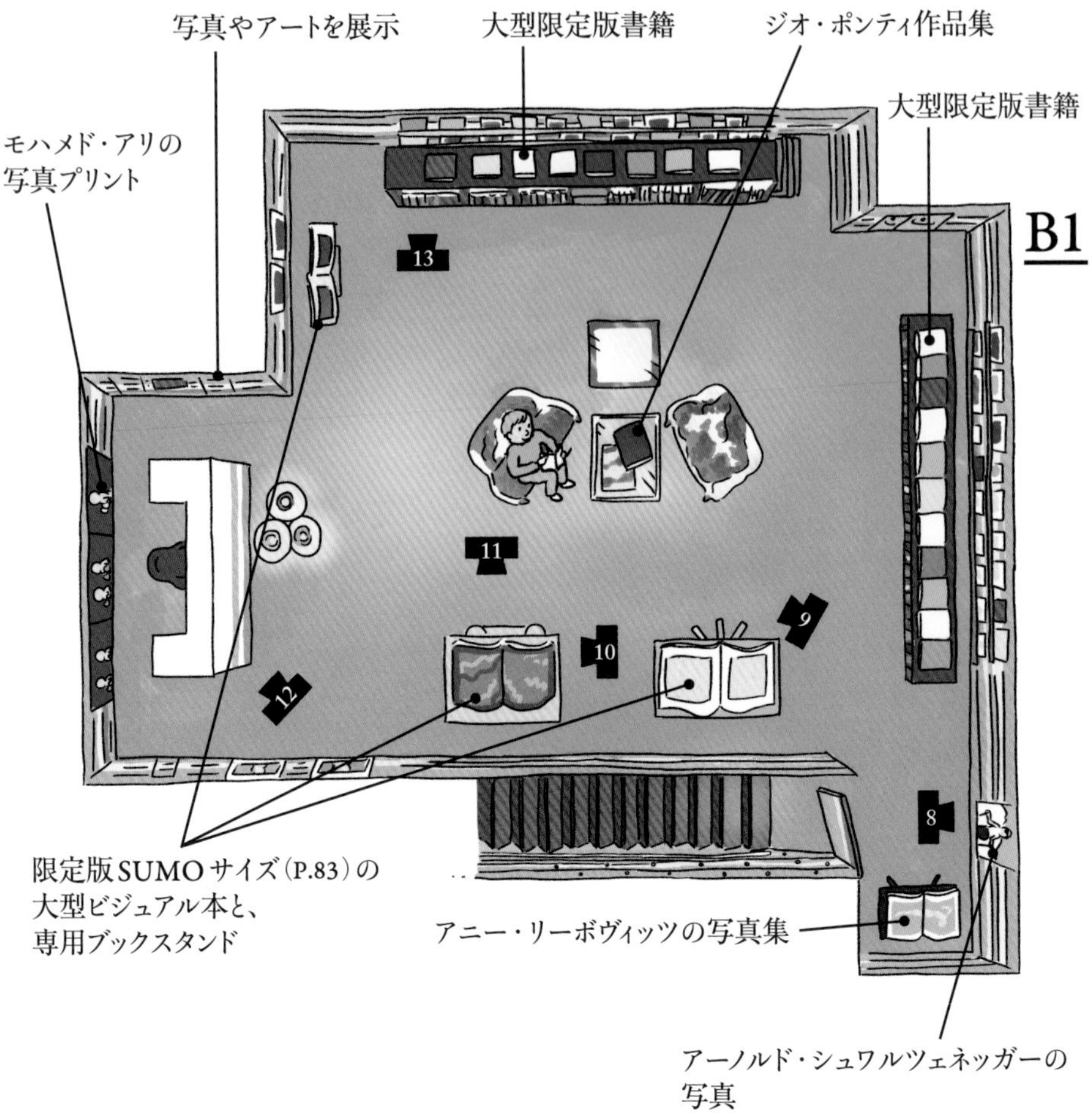

フィリップ・スタルク設計ギャラリーのあるロンドン店

タッシェンは現在、タッシェンの本だけを専門に売る書店計十軒を、世界中のアートが盛んな都市に展開している。フィリップ・スタルクが手がけたロンドン店は、パリ、ニューヨーク、ハリウッドに続く世界で四軒目のタッシェン・ストアとして、二〇〇八年にオープンした。たった一カ月の工期で完成し、世界でタッシェン・ストアが開店ラッシュを迎える流れの先駆けとなった。

店の奥にはガラスの壁に囲まれた階段があり、地下のギャラリーに続いている。ギャラリーは、二〇二三年、キューバ人アーティスト、ホルヘ・パルドのデザインによる改装が行われた。南米で製造した顔料だけで描いたカラフルなストライプは、空間に温かみを

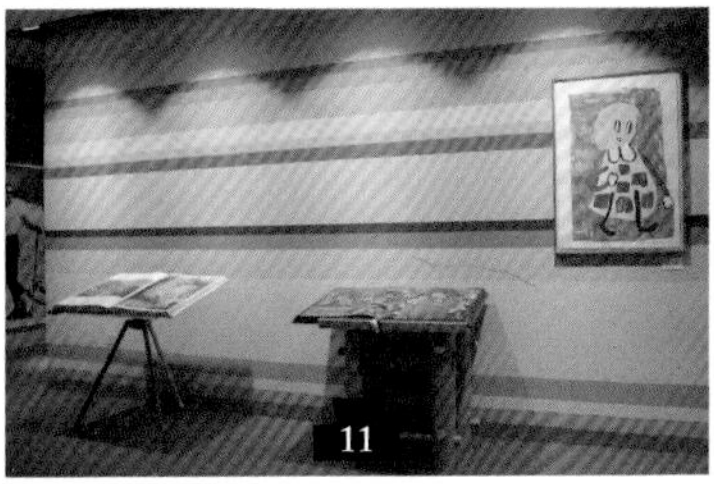

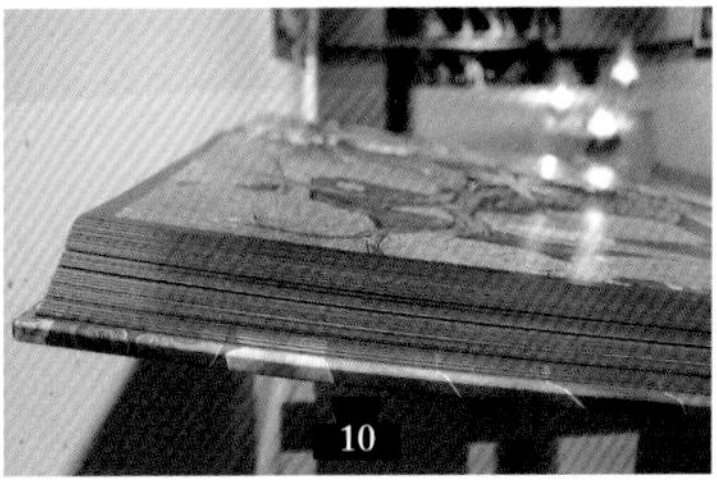

8. エディション番号入りの写真も展示販売している。これはアーノルド・シュワルツェネッガーの写真集『ARNOLD』に収録されたアニー・リーボヴィッツ撮影の1996年の写真、ほぼ等身大のプリント
9. 地下のギャラリー。鏡の柱の前に置かれたジオ・ポンティの作品集と専用のコーヒーテーブル等、デザイン家具によってリビングのような演出をしている
10. 11. トマス・レアードによるチベット美術の写真集『Murals of Tibet』は、ダライラマがサインし、特別に祈祷した超大型の「SUMO」版が、図版入りの解説書と坂茂デザインのスタンドとのセットで売られている

もたらし、タッシェンの本の多様性を象徴している。ここには重さが六十キロにも達する限定版の豪華装丁のアートブックや写真集の見本、それに写真や版画が並んでいる。ブックスタンドに載せられた超大型のアートブックは、数千ポンドの値段がついているが、実際にページをめくって眺めることができる。

美術館やギャラリーの関係者は、新しい展覧会で扱うアーティストの関連書籍を、学校のアートの授業の宿題の資料を探しにくる小中学生は、手頃な入門シリーズの本を買う。土曜日には店の前の広場でファーマーズ・マーケットが開かれ、食料品の買い物客も気軽に寄り道していく。タッシェンの店は、美しい空間で優れた本に出会う機会をすべての人に提供し、アートブックの民主化という創業者の理念を今日も実践している。

12

13

店長

ジョゼフィーヌ・スレイド

「タッシェンはオンラインカタログを充実させていますが、大型の美術書を集めている人はたいていアーティストやクリエイターで、紙の質感、印刷の色合い、インクの黒の濃さ、本の重さといった本の特徴に敏感です。アート作品と同じように、ビジュアル本も、本物を見ないとわからない。そして、本は見て、読んでこそ価値があるので、自宅でもそばに置いていつも見てもらえたらうれしいです。私自身にとってもこの店は毎日が学びの連続で、とても刺激的な場所です」

12. 左側は、2003年に出版されたモハメド・アリのトリビュート・ブック『GOAT』から、大型の写真を壁に永久展示。右側の壁は、デヴィッド・ボウイのホログラムの写真。デヴィッド・ボウイの写真集は1階で販売。写真集はネットでは品切れだが、この店ではすぐに買える。壁のストライプもランプもホルヘ・パルドのデザイン

13. ジョン・レノンの写真集から、伝説のファンタジーアートの挿画家フランク・フラゼッタの全集まで、装丁・デザインにもこだわった美しいビジュアル本の数々

Taschen Store London

12 Duke of York Square, London SW3 4LY
Tel：+44 207 881 0795
月～土10:00～19:00、日12:00～18:00
開店＝2008年　店舗面積＝約110㎡（1階63㎡、地下47㎡）
店頭在庫＝約640タイトル

アートとしての本を専用のブックスタンドとセットで

超大型の「ＳＵＭＯ」版の画集や写真集は、一流デザイナーの設計によるオリジナルの大型ブックスタンドとセットで販売している。自宅でも本を開いた状態で、好きなページを見せておくことができる。

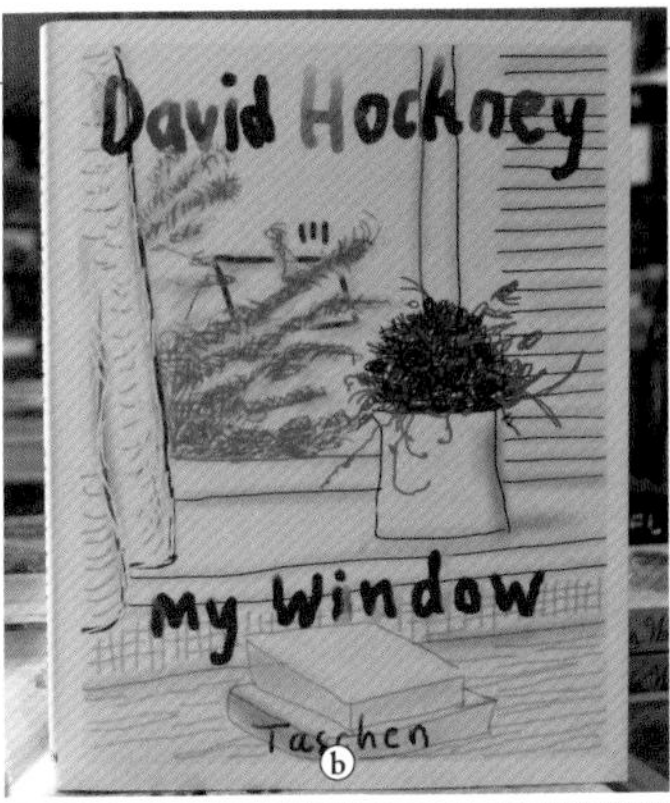

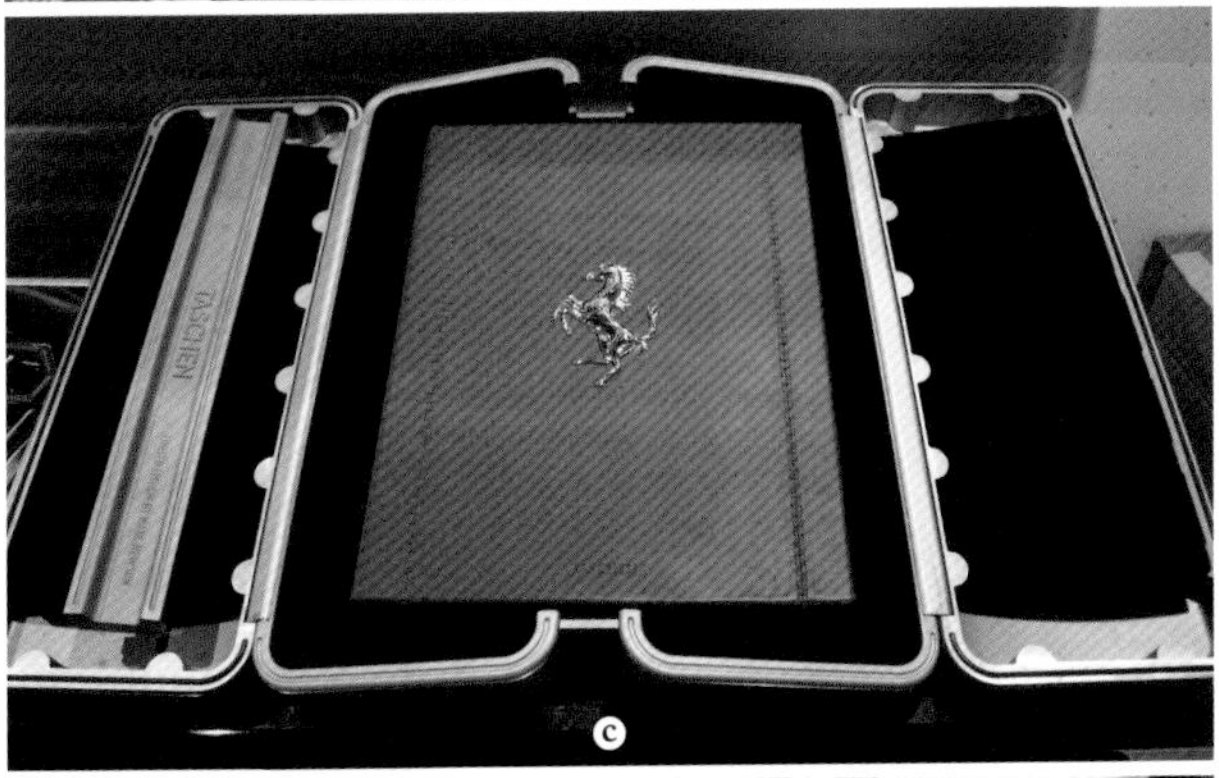

ⓐ コンパクトな判型に画集や写真集を収めた「ビブリオテカ・ウニベルサリス」の一冊。日本を代表する漫画家100人の作品を紹介する『100 MANGA ARTISTS（漫画アーティスト100人）』 ⓑ デヴィッド・ホックニーの作品集『My Window』。ⓒ フェラーリの世界を紹介する写真集『Ferrari（フェラーリ）』はフェラーリ副会長のピエロ・フェラーリによるサイン入り。マーク・ニューソンデザインのアルミの箱に収められている ⓓ 世界のリゾートを国別に紹介する写真集『GREAT ESCAPES（グレート・エスケープ）』シリーズ ⓔ『The Secret Teaching of All Ages（秘教の歴史）』表紙にタイトルが書いていないのもミステリアスな内容とマッチしている

小さな読者を大きく育てる店

アリゲーターズ・マウス

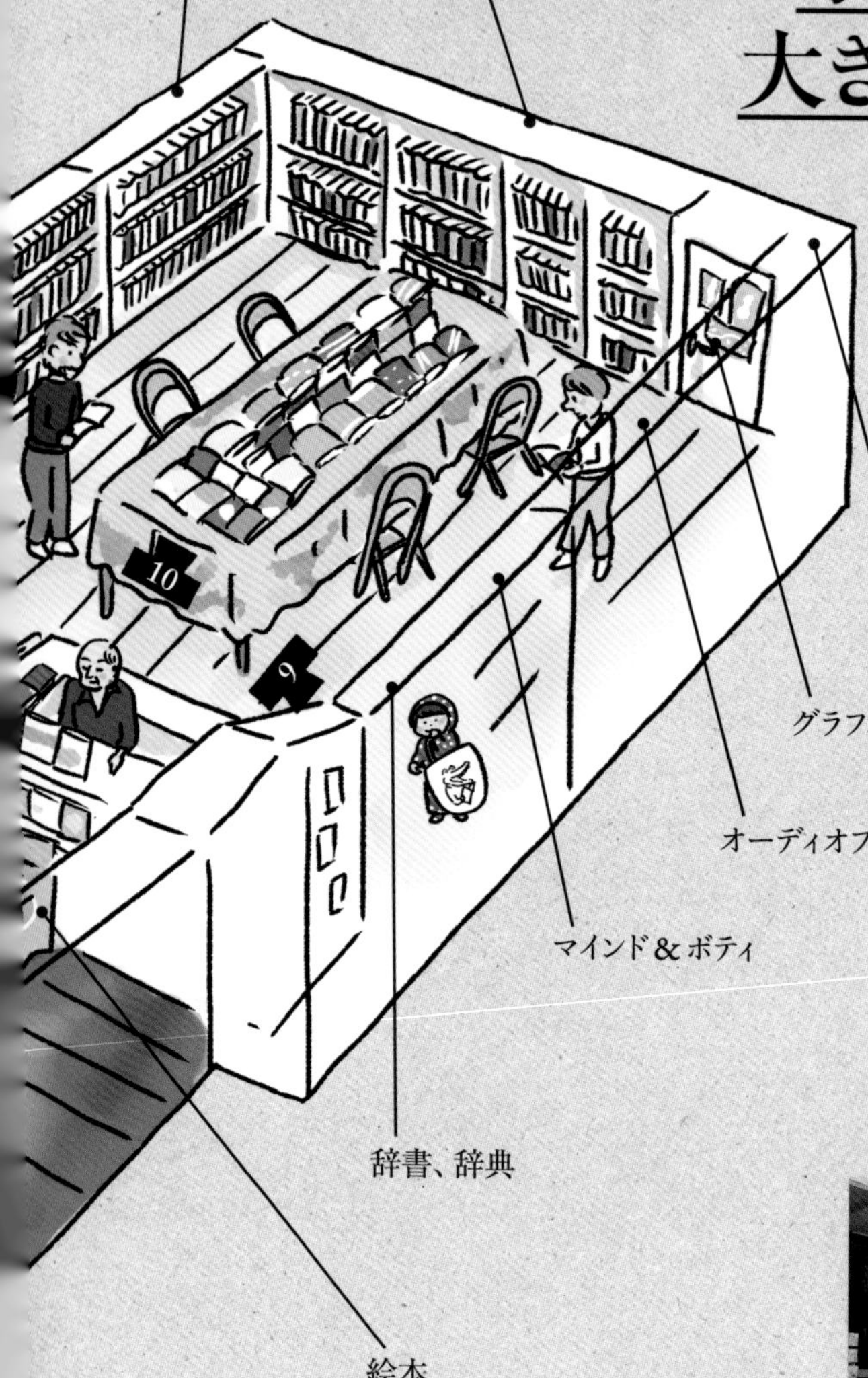

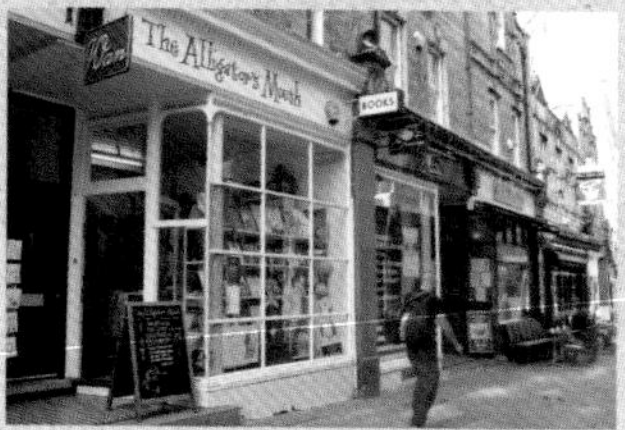

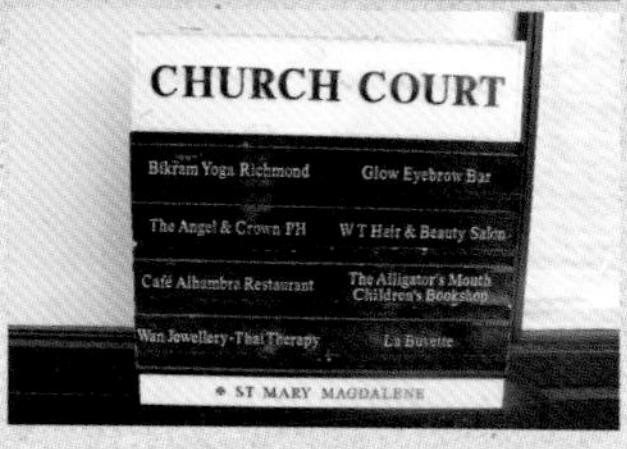

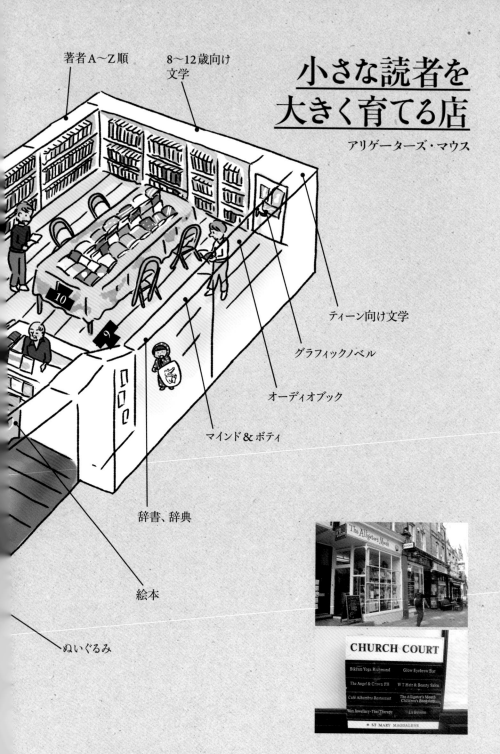

「一人ひとりの子にふさわしい本を、
ぴったりのタイミングで見つけること」が
モットーの児童書専門書店。
もっと難しい本を読んでみたいという子も、
読書は苦手という子も、
目利きの書店員が全力で応援してくれる。

1. 教会に至る小道に面した店。店頭の黒板は、小さい子どもにもわかりやすく、イラスト入りでイベントの予告をしている。人気絵本作家の朗読・サイン会には親子連れの長い列ができる

2. 店を入ってすぐの絵本コーナーにはソファがあり、親子でじっくり絵本を選べる

児童書のプロによる本選び

ロンドン郊外のリッチモンドは、鹿のいる広大な公園と高級住宅街が広がる地区だ。その中心部に、「アリゲーターズ・マウス（ワニの口）」という名の児童書専門書店がある。オーナーは、マーガレット・ウォレス＝ジョーンズとトニー・ウエスト。三十七年間近所に営業していた児童書専門の名書店・ライオン＆ユニコーンの閉店を受け、同店に勤めていた二人が開店した。店名は、「子どもたちにとって魅力的な名前を」と考えた。「子どもは危ない場所に惹きつけられるものなので、食べられちゃうぞーということで、『ワニの口』なんです」とウエスト。「そうそう、だから『ドラゴンズ・リアー』（竜の吠え声）でもよかったんですよ」とウォレス＝ジョーンズは続ける。

書店員になる前、ウエストは小学校

3.「ハリー・ポッター」シリーズは様々な判型で揃え、関連本も数多く扱う。ホグワーツ魔法学校の備品のような木の箱にディスプレイ
4. 奥に細長い店は、小洒落たカフェのような明るいインテリア。クロスのかかったテーブルにきれいに並べられた本は、書店員たちがとりわけ勧めたい本だ

教師を務め、ウォレス＝ジョーンズは大学で児童文学を専攻した。経験と知識をもとに、どんな子にもぴったりの本を提案できると自負する。「このあたりは評判の良い学校が多く、子どもにはもっと難しい本を読むようにプレッシャーを与える傾向が見られます。でも自分で字が読めても大人に読んでもらいたい時もあるし、お気に入りの絵本は何度も読み返したいものです」と店主たち。年齢に関わらず一人の読者として楽しさ優先の読書ライフを送れるよう応援する。

親が紙の本を買う理由

「教育熱心な親は、子どもが電子書籍も含めてスクリーン漬けになるのを避けたいと躍起になっている」と店主たちは語る。手に持って心地よく、目にも美しい本を子どもに与えたいという親心が、紙の本の購買につながってい

5. 絵本のキャラクターのぬいぐるみや旗で楽しい空間を演出している
6.「感情・家族」といったテーマの絵本を集めた棚もあり、こだわりのセレクトが光る。右側は、気球のマークが目印、イギリス最大手の児童書出版社、アズボーンの回転書棚。数多くのタイトルをディスプレイできる
7. 小さな子向けの椅子

るようだ。

　本により親しんでもらおうと、会計時にひとことアドバイスを添える。たとえば、「この本は最初の三章を親が一緒に読んであげて、続きは自分で読んでと言ってみてください」といった具合。「子どもがすすんで読むようになるには、ちょっとしたコツがあるんです。本の内容やお子さんの好みを知っている私たちなら、それを親御さんに伝えられる。アマゾンではこうはいきませんね」

　おもちゃやぬいぐるみは厳選したものだけを置く。大人も子どもも紙の本に集中できる環境を整えている。中学生以上になると、自分だけで来店する子もいる。「子どもたちにここが安全で楽しい場所だと思ってもらえるよう、接客にも雰囲気作りにも気を配っています」。本という商品を売るだけではなく、本や読書に関する知識に加え、

8. 小学生以上向けの読み物のコーナー。中央のテーブルは、イベント時には本を片付けて使う
9. イベントに出演した作家やイラストレーターに贈られた作品が飾られているコーナー
10. ブックイベントのお知らせが、本にしおりのように挟んである。イベントの参加は、テーマの本を購入すれば無料

書店ならではの楽しみを提供する。

様々な子ども向けイベント

アリゲーターズ・マウスが行うイベントは年齢や好みに合わせて多彩だ。二〜六歳対象の読み聞かせの会や、九〜十一歳対象の読書会は、参加費を設けているが、当日買い物をすると全額返金されるシステム。他にも、ティーン向けのコミック制作ワークショップ、そして作家やイラストレーターによる朗読会やワークショップを定期的に開催し、人気を呼んでいる。「イベントは、数多くの人に足を運んでもらえるのが魅力です。大勢の親子が行列して幸せそうに本を買って行ってくれる光景は、本当にすばらしいものです」と店主たちは語る。

共同オーナー店長

マーガレット・ウォレス＝ジョーンズ

「児童書専門書店というかたちにこだわるのは、優れた子どもの本にふさわしい空間を与えるためです。親は難易度だけを気にして本を選びがちですですが、本は楽しいと思って読むからこそ、個人の成長につながるもの。そのことを伝えたくて、学校に出張して先生や学校図書館の司書、教育実習生向けにレクチャーすることもあります。学校図書館に入れる本を子どもたちが自ら選ぶために、先生の引率で子どもたちを受け入れる活動も好評。本屋で自分が読みたい本をどう選ぶかを教えることも、読者を育てるための重要な仕事です」

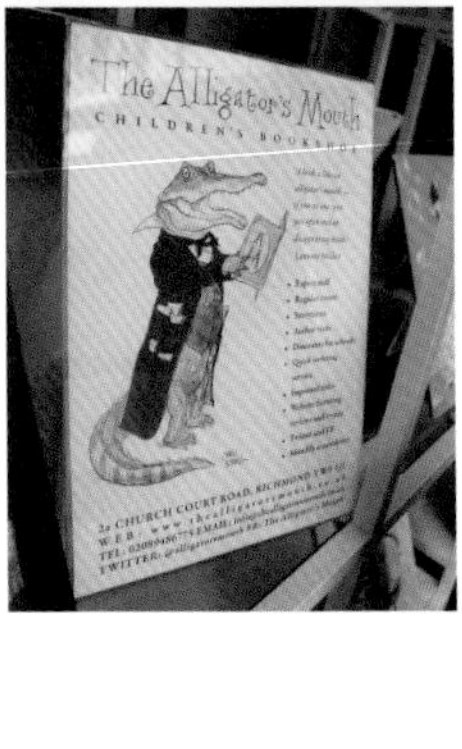

上／店は児童書作家たちにも熱い支持を集めていて、サイン入りの本の在庫も多い
中／人気イラストレーター、クリス・リデルによるオリジナルの絵入りブックトート
下／ウィンドウに貼られたポスター

The Alligator's Mouth

2a Church Court, Richmond, TW9 1JL
Tel：+44 20 8948 6775
www.thealligatorsmouth.co.uk
月～金10:00～17:30、土10:00～18:00、日11:00～16:00(8月は日休)、祝11:00～17:00
開店＝2015年　店舗面積＝約63㎡　店頭在庫＝約7,600冊

どんな子にも、楽しめる本を

絵本、児童文学、ノンフィクション、アート、グラフィックノベルまで。対象年齢も興味の幅も幅広い本を選りすぐっていて、常に「次に読みたい本」を探しに行きたくなる店だ。一般向けのビジュアル本やグラフィックノベルも、親子で楽しめるアートの本等を置く。

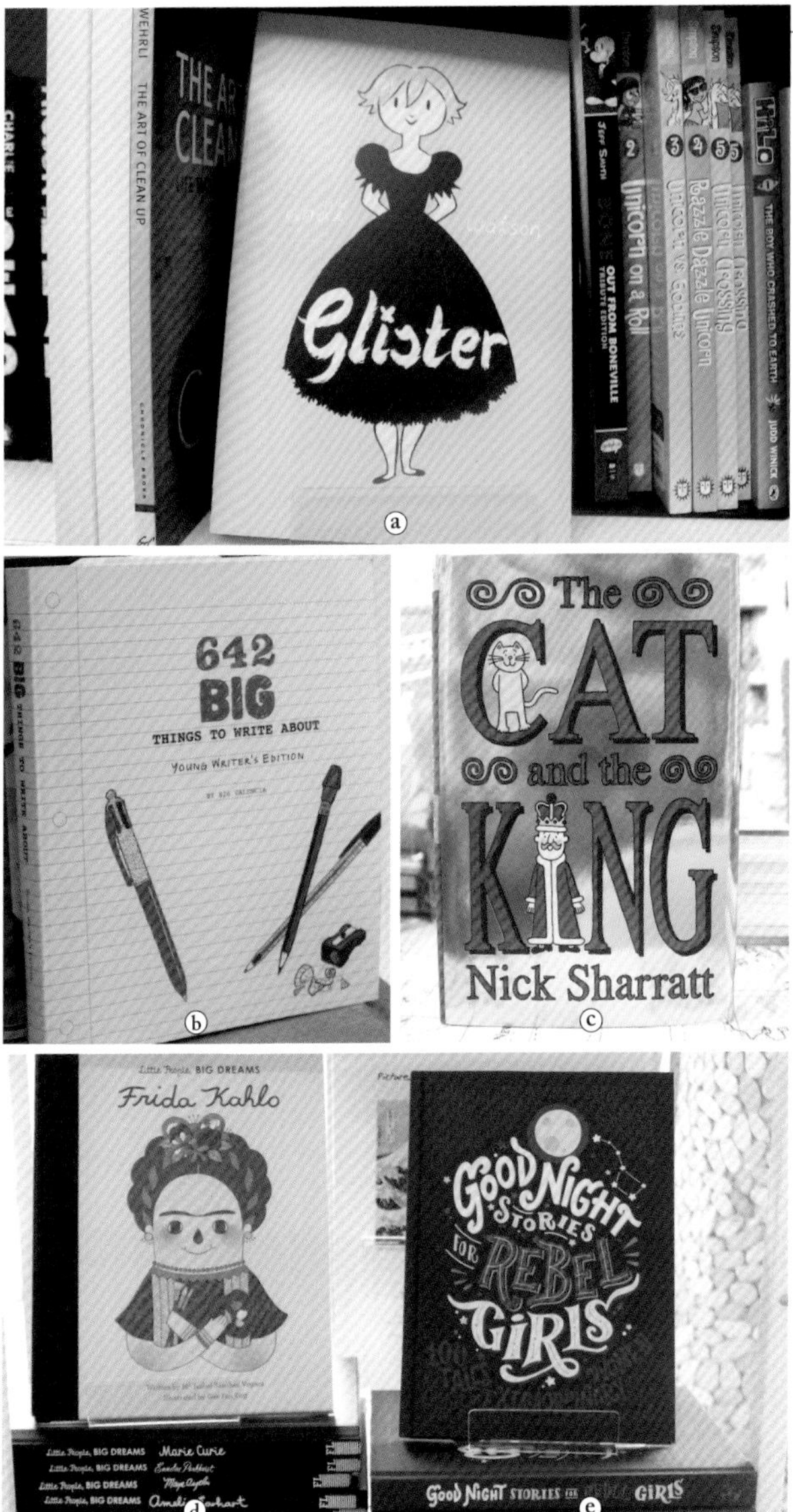

ⓐ ディ・ワトソン『Glister（グリスター）』は8〜12歳向けのグラフィックノベル ⓑ クロニクル・ブックス編『642 Big Things to Draw（絵に描きたい642の大きな物）』は、一般向けだが子どもも楽しめるアートの実践書 ⓒ イラストレーターとして活躍しているニック・シャラットが初めて文も手がけた『ねこと王さま』 ⓓ 世界中で人気の「はじめてよむ伝記えほん 小さな一人の大きなゆめ」シリーズ、マリア・イサベル・サンチェス・ベガラ著『フリーダ・カーロ』。（未邦訳） ⓔ エレナ・ファヴィッリ、フランチェスカ・カヴァッロ著『世界を変えた100人の女の子の物語』

世界遺産の植物園にある書店

キューガーデンズ・ヴィクトリア・プラザ・ショップ

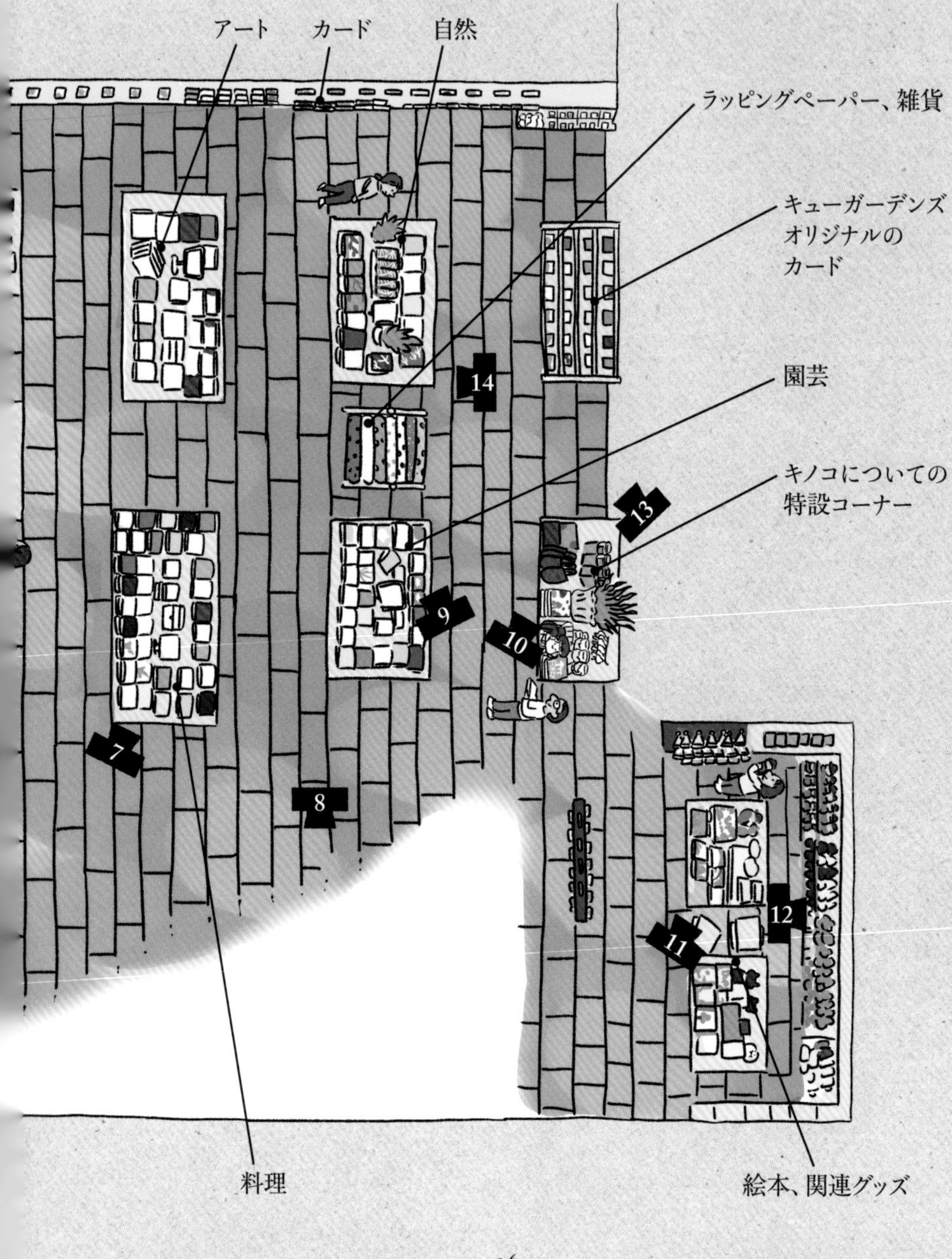

ロンドン南西部にあるキューガーデンズは、
一八世紀に起源を持つ王立植物園。
そのギフトショップには、
植物も本も好きという人には
たまらない本格的な書籍売り場がある。

1. すっきりと見渡せる店内は、天井の木の梁や床のレンガのタイルに温もりを感じさせる。売り物とディスプレイ用の植物がたくさん置かれていて、サンルームのような雰囲気
2. 民話や伝統医学、魔術に使われてきた植物の歴史を、ロンドンの作家サンドラ・ローレンスが紹介するビジュアル本シリーズ。園が所蔵する植物画や絵画、写真を豊富に収録している
左下　かつて温室を暖めるためのボイラーの煙突だったレンガ造りのタワーが、ショップのある建物の目印

歴史ある王立植物園で本を選ぶ愉しみ

キューガーデンズは、一八世紀に起源を持つ王立植物園。一七七二年、国王ジョージ三世がキューの領地を相続し、そこにあった庭園と、隣接するリッチモンドの王室領地にあった庭園を統合したのが始まりだ。大きなガラスの温室前のプロムナードがエリザベス女王の戴冠式のパレードに使われる等、一八四〇年以降一般公開されてからも王族の歴史との関わりが深い。二〇〇三年には、ユネスコの世界遺産に指定された。

　園内は二十一ヘクタールという広大な敷地に、五万種を超える植物が生息している。構内には三軒のショップがあり、ヴィクトリア・ゲートのすぐそばで、最大規模なのがヴィクトリア・プラザ・ショップである。フロアの二

3.園のガーデナーが、店内にディスプレイされた鉢植えの手入れや交換も担当している。植物の種類は頻繁に入れ替えて変化を出す
4. 植物園への出入口の通路にある一番大きなテーブルには、キュー出版局の本を集めて平置きしている。美しい装丁と写真、イラストの質に定評があり、ギフトとしても人気。冬で植物園の入場者が減る年末も、クリスマスプレゼントを買う人でショップはにぎわう
5.キューガーデンの公式ガイドブックは、店で最もよく売れる1冊。写真が豊富で、訪れた記念に買って帰る人が多い

割程度を本売り場が占めていて、本の脇にさりげなく置かれた観葉植物や、ガーデニング用の木箱を用いたディスプレイ等が植物園らしい雰囲気だ。ここで、植物をテーマにした思いがけないくらいバラエティ豊かな本に出会うことができる。

植物の面白さを存分に味わうラインナップ

なかでも充実しているのは、園の組織であるキュー出版局の発行物。アーカイブ資料や最新の研究成果、植物や環境にまつわる幅広いテーマを取り扱い、園芸の手引書や植物に関するポピュラーサイエンスの本はもちろん、園内の図書館・美術館が所蔵する蔵書や美術品に基づく画集、写真集、園芸やレシピ集等の実用書や絵本までが揃う。キューガーデンズでインスピレーションを受けたら、球根や種、花の育て方

6. 本売り場の向こうには庭園の入口に至る通路があり、観葉植物の売り場になっている
7. 料理書も充実
8. お茶やハーブティー、薬草酒等、植物性飲料について解説したイラスト入りの本と並ぶのは、イギリスの紅茶ブランド、アーマッド・ティーが製造するキュー限定の紅茶
9. ガーデニングの参考書は植物の種類別に充実している
10. 特設されているキノコのテーブル。大小様々なキノコ図鑑はもちろん、キノコにまつわる本とグッズが揃い、キノコのファンなら必見

や庭造りの入門書を合わせて買えば、家でもガーデニングが楽しめる。

　一般の出版社の本も、工夫されたセレクトがおもしろい。たとえば植物が登場する世界各地の小説や浮世絵の画集、世界各地の魔術で使われてきた薬草の本、ヴィーガン料理の本。子どもの本のコーナーには、大自然のなか動物が活躍する絵本や、美しいイラストの植物図鑑なども。子どもから大人まで、植物と人間の関わりの多様さを感じさせるラインナップだ。キューガーデンの目指す人間と植物の共生という奥深いテーマが、本の売り場にぎゅっと詰まっている。

本を買うことで世界遺産の植物園を支える

　ショップには植物園の見学者だけが入れるが、園のメンバーになると何回でも入園できるうえ、ショップで一割

14

11

12

13

11. 子どものためのコーナー。イラストによる植物図鑑、野菜料理のレシピブック、植物と関係の深い生き物である虫や小鳥の絵本等を厳選
12. 世界的に愛されているジュディス・カーの絵本『おちゃのじかんにきたとら』のとら等、ぬいぐるみも置く
13. 木の棚に並ぶカードはインテリアにも
14. ギフト用の本と一緒に買って帰りたい包装紙は、もちろん草花の柄。壁紙にしたくなる美しさ

引きの特典がある。また、メンバー向けの情報誌には新刊や出版記念イベントの案内があり、それらを目当てに訪れる人も少なくない。

　本と並んでオリジナルグッズも人気だ。アーカイブにある植物画やポスターに基づくポストカードやマグネットは観光客にも地元民にも好評。ユニークなのがキノコを特集したテーブルで、ここではキノコ図鑑や写真集とともに、キノコのカラーチャートやグッズまでをかわいらしく並べている。

　ショップの収益は、すべて園の運営のために使われる。現在、世界の植物種を収集、保存する機関として、園芸専門家二百人・研究者四百五十人を含む千二百人のスタッフを抱えるキューガーデン。ここで本を買うことは、世界最高峰の植物園に貢献する方法でもある。

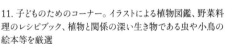

小売・Eコマース企画
アシスタントマネージャー

ギャレス・パークス

「地元在住のメンバーのお客様は、アマゾンより高くてもここで本を買うという熱心なサポーターです。僕はカーディフ大学で生物学を専攻した後ロンドンに来て、キューガーデンズのショップで20年以上働いています。実は大のSFファンで読書が趣味。植物収集や薬草を使った魔術の本等、植物と人間の関わりの歴史にも興味があって、店でもそういうテーマの本は必ずチェックします。店の仕事は毎日違うので楽しいですね」

上／本以外のグッズのコーナーにも、商品にちなんだ本がディスプレイされている。このショップでしか買えない果物と野菜の瓶詰めの棚には、野菜料理レシピ本
下／球根と育て方の本を並べている

Kew Gardens Victoria Plaza Shop

Kew, Richmond, London, TW9 3AE
Tel：+44 20 8332 5655
www.kew.org
営業時間はキューガーデンズの開園時間と同じ（季節により異なる）
開店＝1980年代　店舗面積＝40㎡（ショップ全体は200㎡で、そのうち40㎡が書籍コーナー）　店頭在庫＝約600冊

様々な角度で植物を楽しむための本

植物を眺め、観察し、描き、育て、学び、あるいは食べる。

植物と人間の多彩な関わりを網羅するようなセレクト。ショップに置くのは持続可能な森林管理によって得られたＦＳＣ認定の紙を使った本だけだ。

ⓐ

ⓑ

ⓒ

ⓓ

ⓔ

ⓕ

ⓐ『Growing Orchids at Home（家でランを育てる方法）』。初心者向けの手引きは、草花の種類別に揃う人気シリーズで、園の専門家による解説が信頼を得ている ⓑ 広大なキューガーデンの見どころを写真で紹介するガイドブック『Kew Guide』 ⓒ ビンテージのポスターを復刻したカード ⓓ 野菜料理のレシピ集『The Kew Garden Cookbook』 ⓔ キュー植物園で希少な植物種の収集と保存に取り組む園芸家カルロス・マグダレーナが活動の現場について書いた『The Plant Messiah（植物の救世主）』はロングセラー ⓕ 19世紀に世界中を旅した貴族マリアンヌ・ノースの植物画・風景画の画集『Marianne North: The Kew Collection（マリアンヌ・ノース：キュー植物園のコレクション）』は人気の一冊。作品は園内に画家本人が私財を投げ打って建てた歴史的なギャラリーに展示されている

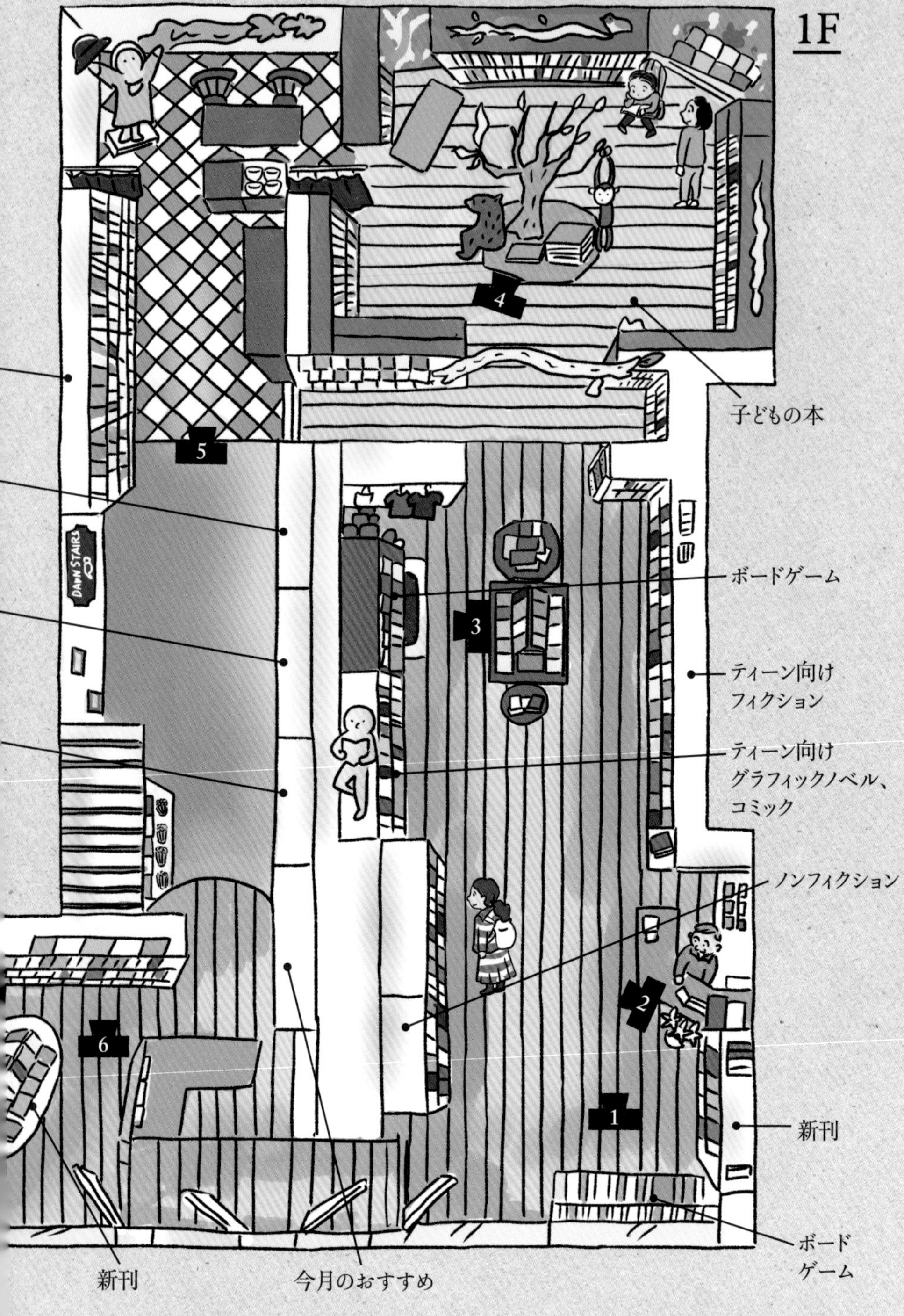
1F
4
5
3
2
1
6
DAWN STAIRS
子どもの本
ボードゲーム
ティーン向け
フィクション
ティーン向け
グラフィックノベル、
コミック
ノンフィクション
新刊
ボード
ゲーム
新刊
今月のおすすめ

お風呂もある本の殿堂

ミスター・ビー・ズ・エンポリアム

ローマ風呂の遺跡があり、
温泉保養地として栄えた
古都バースの本屋さん。
「ミスターBの百貨店」という名の
お屋敷のような店には
バスタブがあり、
その中まで本が詰まっている。

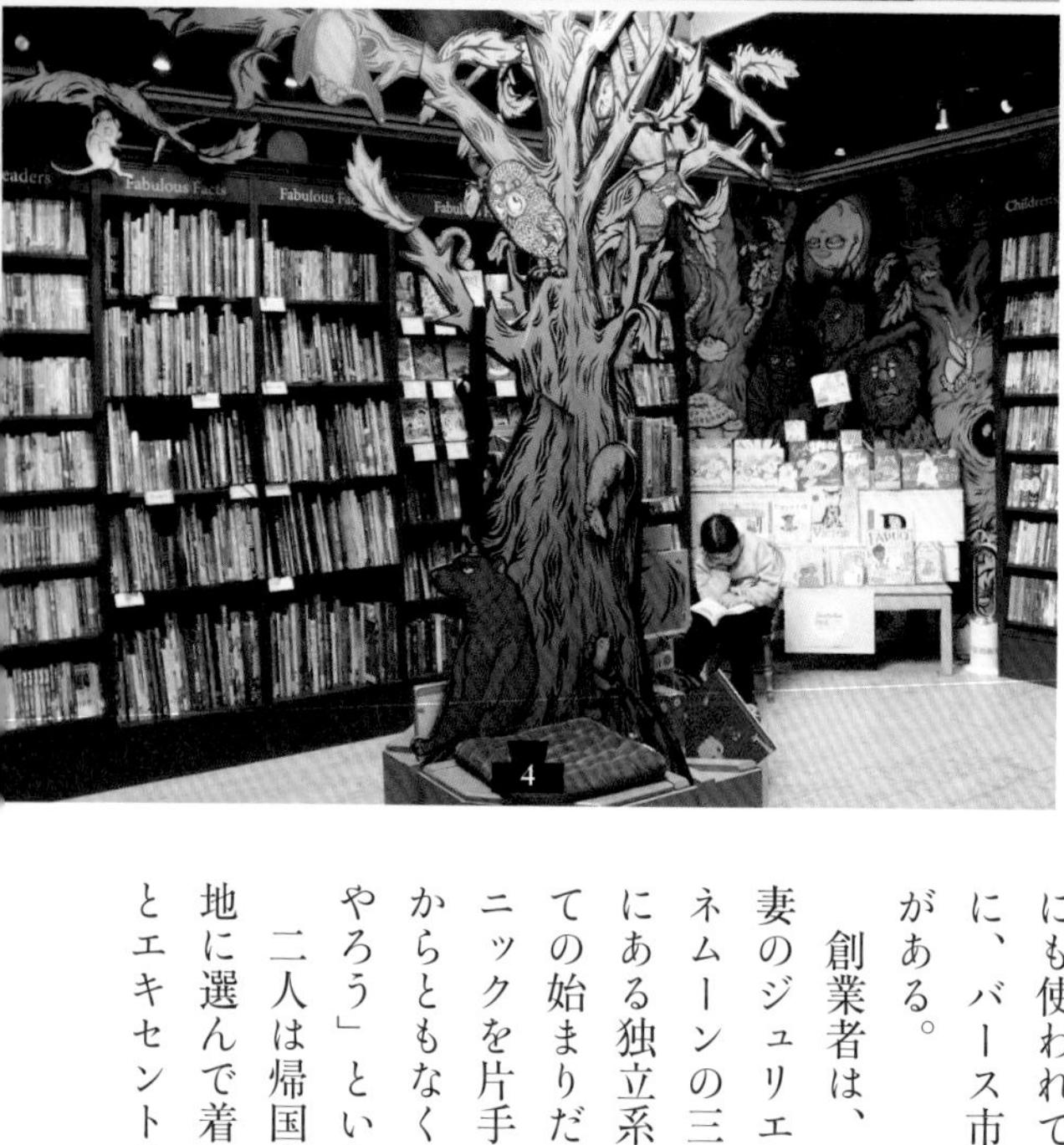

1. 誰が店員で誰がお客かわからないくらい、常連らしいお客さんが親しげに店員と話す光景が見られる
2. 暖炉のまわりを温かみのあるオレンジ色でペイント。隣のグラフィックノベルの棚の上では不思議な人形が隠れて本を読んでいる
3. 暖炉の上の棚には、店の隠れた人気商品、昔ながらのボードゲームと、ティーン向けの小説やノンフィクションが並ぶ
4. 店全体がミスターBの家だとしたら、ここは子ども部屋。絵本から児童文学、ノンフィクションまで幅広く揃う

世界遺産の町にある美しい本の迷宮

古代ローマの浴場の遺跡が残る町、バース。一八世紀のジョージアン様式の歴史建築が建ち並ぶ市街は世界遺産に指定されている。数々の映画の撮影にも使われてきた瀟洒な町並みの一角に、バース市民が愛してやまない書店がある。

創業者は、ミスターBことニックと妻のジュリエット。元弁護士夫妻がハネムーンの三日目に、シアトルの海辺にある独立系書店を訪れたのが、すべての始まりだった。その翌日、ジントニックを片手に海を見ながら、どちらからともなく「弁護士を辞めて本屋をやろう」という話で盛り上がった。

二人は帰国すると、バースを開業の地に選んで着々と準備を進め、ちょっとエキセントリックな作家の家のよう

5. 天窓から自然光が差し込む細い廊下。アートやデザイン関連の本や詩集が並ぶ
6. 著者のアルファベット順に小説が並ぶコーナーの天井は、値札を下げた手作りのデコレーションがユニーク
7. バースの美術教室やチャリティ等のチラシが貼られた掲示板
8. 店の名物、猫足のバスタブ。本が居心地よさそうに入っている
9. 迷宮のような店内の案内板。「本のセラピーの部屋」「人生、宇宙、その他すべて」「想像の殿堂」「言葉の森（子どもの本）」等の方向を示している

な本屋を作り上げた。

迷宮のような店内は、地下〜二階の三フロアにわたり、廊下や出窓にも本がぎっしり並んでいて、すべての部屋を発見していくだけでもワクワクする。一階は細々と区切られているが、天窓がたくさん設けられていて自然光が差し込む。一番奥にあるのは、動物が暮らす深い森のような子どもの本コーナー。木の根元のようなデザインの椅子や、クッションが置かれたベンチで、時間を忘れて本を読んでいる子がいる。親たちは同じフロアの文学の売り場で、自分が読む本を選び、最近読んだ本について書店員とおしゃべりを楽しむ。

店の中核をなす文学のコーナーは、バースにちなんでバスタブに本がディスプレイされている。さらに、「ミスターBの十二冊」と題して、今読むべき最新の本を厳選して紹介するコーナーは店の顔だ。

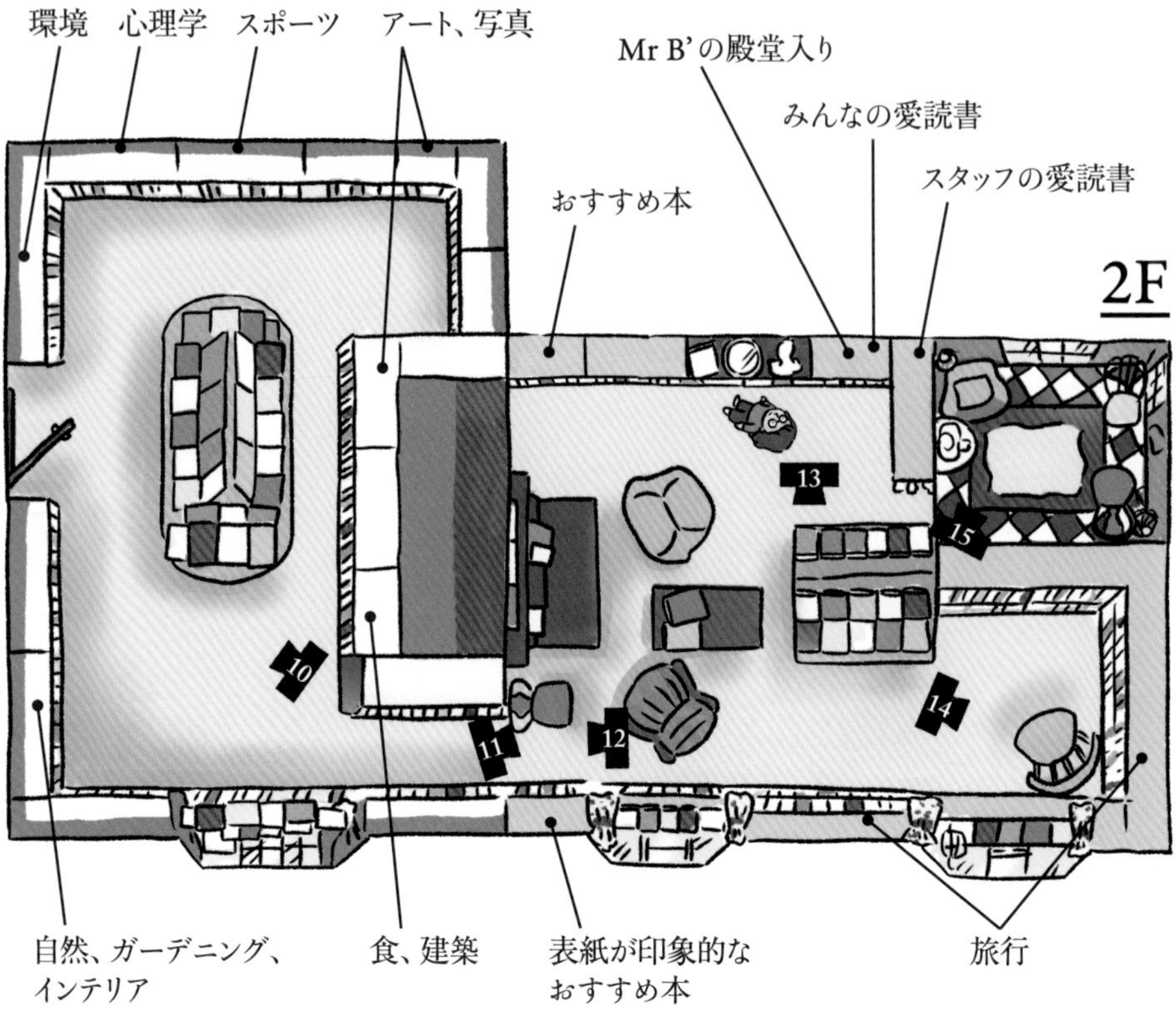

二階に上がると、「私たちの愛読書・みなさんの愛読書」「ミスターBの殿堂入り」といった個性的な棚が目を引く。店長と店員、そして常連客たちの読書愛の結晶のようなセレクトは、本好きが集うコミュニティのような店ならではだ。

究極の癒し体験 本のセラピー

本好きにとって究極の癒しといえるのが、「ミスターBの読書スパ」、別名「ブックセラピー」。ビブリオセラピスト（本のセラピスト）を名乗る店員と二人で、紅茶とおいしいケーキを味わいながら、好きな本について自由に話し合い、カウンセリングの内容に基づいて、セラピストが読むべき本を「処方」してくれるというものだ。テーブルの上に山積みになった本から、客は好きなタイトルを選んで持ち帰る。

10.2階はよりアットホームな雰囲気。ノンフィクションの部屋は、食卓のようなテーブルにも、もちろん本が積み上げられている
11.天井にシャンデリアが輝く部屋は、店の定番のロングセラーが並ぶ。暖炉を囲むように、不揃いな椅子を並べ、知らない客どうしも一緒に本を読んでいるような気分に
12. 頭上の黒板には「ブックセラピールームへのご訪問ありがとうございました」

完全予約制で、価格は書籍代を入れて百ポンドを超える。本を知り尽くし、それぞれの人の好みに応じて読むべき本を選ぶという書店員の手腕が問われるサービスだが、本が好き、本屋さんが好きな人なら一度は受けてみたいと人気で、九カ月先まで予約を受け付けているという盛況ぶり。子どもが参加する場合は、特権として紅茶の代わりにホットチョコレートが選べ、「親が同伴するには子どもの許可が必要」とか。

本の楽しみをとことんまで探求する姿勢を感じさせる名店だ。居心地がよくてユニークな店づくりと、経験豊かな書店員たちによる確かな選書やアドバイスが評判になり、二〇〇六年の創業以来、イギリス最高の独立系書店に二度選ばれている。

オーナー店長

ニック・ボトムリー

「『題名は覚えていないのだけれど、子どもの頃にお気に入りだった、表紙が青くて、風車の絵が描かれていた本がほしい』なんていうお客様もいらっしゃいます。そんな本を探し出すために、私たちはいくらでも努力をします。常連のお客様が読みたい本が直感的にわかるという自負がありますし、初めてのお客様にも思い出に残る体験を提供したい。本へのこだわりを皆さんと分かち合いたいという情熱が、日々の原動力です」

13. 旅行書のコーナー。ばらの花模様のカーテンがイギリスらしい。窓辺には鳥かごも下がる
14. ミュシャからウォーホルまで、表紙のデザインが優れたアートやデザインの本を窓辺にディスプレイ。まるで小さなギャラリーのよう
15. 秘密の匂いがする隠れ家のような小部屋。鏡と花等思わせぶりな小道具で演出されているこの部屋でも本の試し読みができる

Mr B's Emporium

13-15 John Street, Bath BA1 2JL
Tel: +44 122-5331-155
https://mrbsemporium.com
月〜土9:30〜17:30、日11:00〜17:00
開店＝2006年　店舗面積＝約190㎡　本の冊数＝約1万冊

知識豊富な店員たちと常連客の趣味を反映

オーナーが「オックスフォード英文学事典」を完読して準備したという著者の名前順の文学コーナーが店の中核をなす。さらに、書店員たちの個人的なイチオシと、常連に人気の店のロングセラーがずらりと揃う。

ⓐ ⓑ「本についての本」の棚。ジュディス・ロビンソン、スコット・パック著『名作には猫がいる』から大英図書館編集の装丁に関する本まで ⓒ 村上春樹『ノルウェイの森』は、「表紙が印象的な本」の棚で面陳列 ⓓ パティ・スミス『ジャスト・キッズ』、ビル・ブライソン『人体大全』等のベストセラーも、書店員の名前入りのポップで勧めている

誰をも歓迎するLGBTQ＋書店

ゲイズ・ザ・ワード

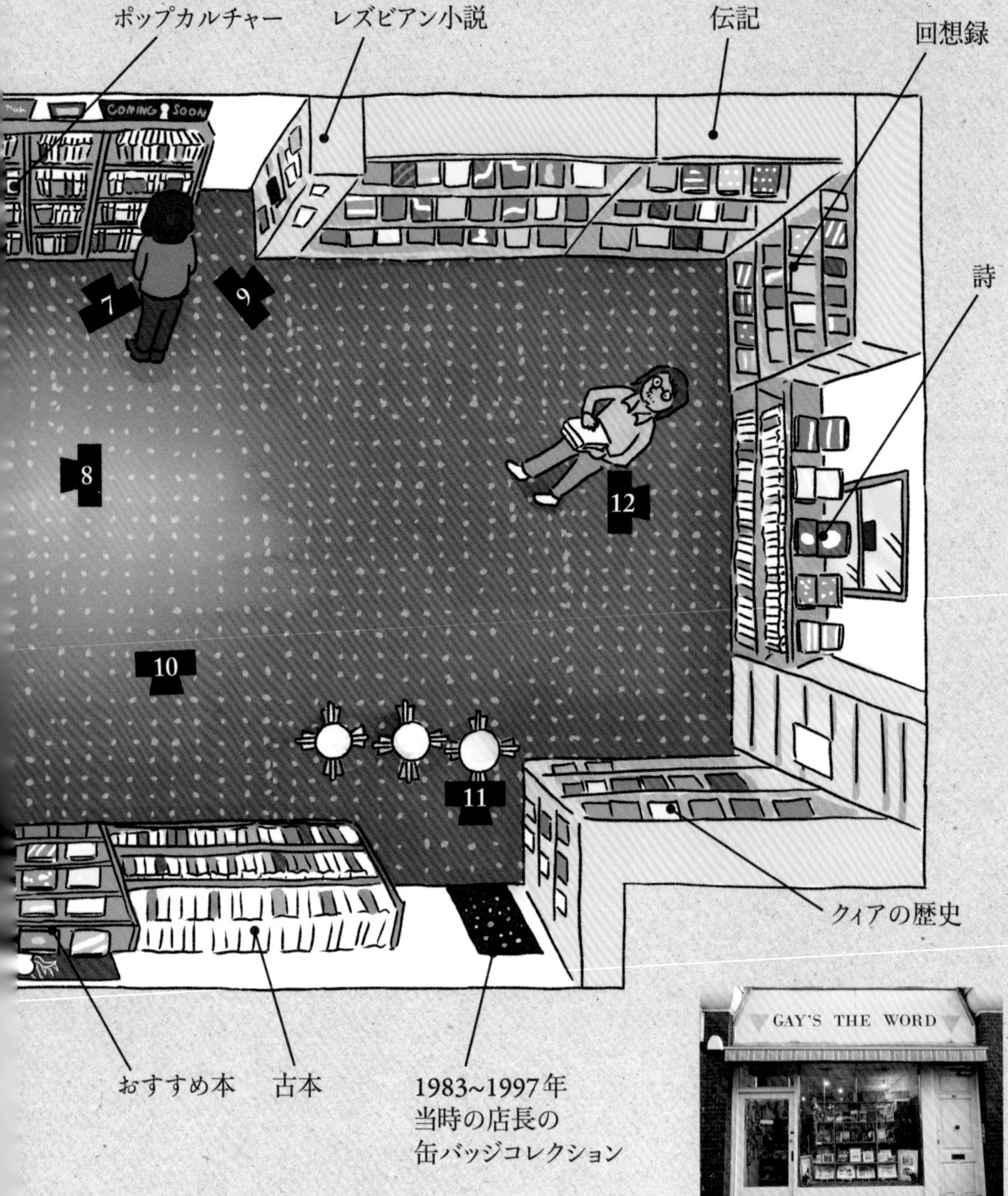

イギリスで最も
古い歴史を持つ
LGBTQ＋書店。
ケーキ屋さんのような
かわいらしいファサードに
「ゲイが合言葉」という
名前を高らかに掲げ、
世界中から人を集める。

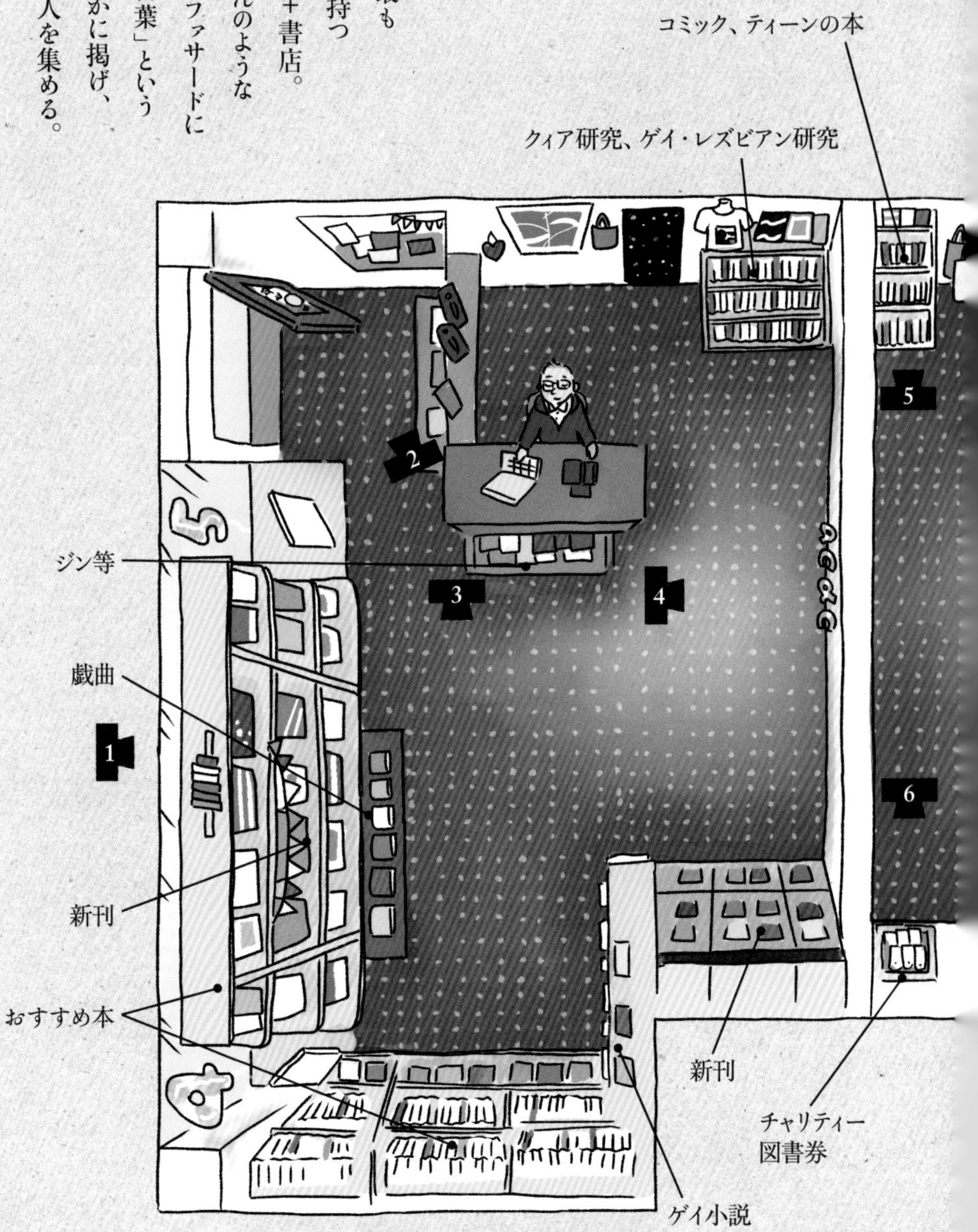

1.ウィンドウには、店の歴史を物語る写真やイラストの額とともに、フェミニズムの研究書やクィア映画の解説書、クィア文学の名作等が並ぶ。小さな旗が、ゲイムーブメントの成功を祝福している
2.店の入口の掲示板や周りの壁には、ゲイコミュニティの集いや相談窓口、ワークショップ、イベントのチラシやポスターを自由に貼ってもらっている
3.店の本は「全部おすすめ」。スタッフが手分けして書いたポップがそこかしこに貼られている

ウィンドウを割られても営業し続けた歴史

ここは、１９７９年に創立したイギリス最古のゲイ書店。ロンドンの大英博物館からほど近い便利な場所で、ガラス張りで明るく入りやすい雰囲気だ。

店内には往年のヘヴィメタルバンドにちなむ「ａｃｄｃ」のオブジェ（バイセクシャルを指す隠語だが、店長によると意味はなく、ほんのシャレで置いているとか）や、大ヒットしたイギリスのコミック「ハートストッパー」の壁画、映画のポスター、絵はがき、缶バッジ等が所狭しと飾られている。多様性を重視してセレクトした児童書・絵本コーナーもあり、どこを眺めてもカラフルで楽しい。

ほぼ半世紀にわたってＬＧＢＴＱ＋の人たちの信条を訴える急進派書店《ラジカル・ブックショップ》（社会活動として非営利で運営される書店）

4

5

4.奥に細長い店内は、開店と同時に人でいっぱいになる
5.店のロゴが入ったカラフルなブックトートは、有名店に憧れて訪れた客たちの定番のおみやげ

として営業するなかには、苦難も多かった。創業と同年に就任した当時のサッチャー首相は、学校で同性愛について話すことを禁じる法律を制定した。そんな時代だからこそ、LGBTQ+の人たちがいつでも行けて、仲間と会えて、読みたい本に出会える空間として、逆風を受けながらも果敢に営業を続けた。

　当初は政治的な批判を頻繁に受けたため、夜間は防犯のためにシャッターを閉じていた。シャッターを開けっぱなしにした途端、ウィンドウを割られたし、輸入した本を税関で大量に没収されたこともある。

社会の変化が追い風に過去最高の業績が続く

　現在の店長、ジム・マックスウィニーが店で働き始めたのは一九八九年。その頃から店を取り巻く社会的な状況

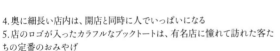

7

6

9

8

6.左の額は店限定のチャリティー図書券。急進派書店ならではの企画だ
7.写真集やアートの本の棚の上は、往年の映画のポスターが壁を飾る
8.フェミニズム運動、無政府主義ブックフェア、ゲイ雑誌等のポスターやチラシがぎっしり。手作り感あふれる演出
9.ゲイとしてカミングアウトしている有名人たちの写真集を集めたコーナー

は好転し、近年になって少数派の権利についての意識が向上すると、さらに大きく改善した。イギリスでウォーターストーンズをはじめとする大型書店にLGBTQ+のコーナーが登場した九〇年代末には、売上は大幅に伸び始める。その後も過去最高の業績を更新しつづけていて、年間売上は八十万ポンドに達する。

コロナ禍によるロックダウンの頃は、入店者数を制限したら店の前に列ができた。通常営業を再開した後も店は好調。平日の昼間でも開店の十一時直後から人がひっきりなしに訪れる。

急進派書店としての意気込みは健在で、たとえば、オリジナルのチャリティー図書券の売上もコミュニティを支えている（写真6）。ボードに貼られた券をレジに持って行き、額面のお金を支払うことで、店に来てお金が足りないが本が欲しいという人に、好きな本

10. トラヴィス・バルドリーの『Bookshops & Bonedust（本屋と骨の塵）』は、TikTokの本のコミュニティ#BookTokで話題の作品。アディバ・ジャイギルダー著ティーン向け小説『The Dos and Donuts of Love（恋愛のルールとドーナツ）』。ポップは題名の「Don't」と「Donut」のダジャレを借りて「We donut think we could love this more（この上なく好き）」と売り込む

11. 1980〜90年代に店長だったポード・ヘガーティの遺品であるバッジのコレクションを額縁に入れて展示。当時の社会運動を物語る貴重な資料

12. 店の奥にある詩のコーナー

を寄付できるというシステムだ。

LGBTQ+の人以外も歓迎 世界中から仲間が集まる

近くのオフィス街で働く人や学生をはじめとするロンドナーから、ほど近い大英博物館の見学に続いて訪れる観光客まで、客層は幅広い。社会学やジェンダー学の研究者も常連だ。

同性愛やトランスジェンダーが法律で禁止されている国を含め、世界中からお客さんが来て感慨深げに本を眺めたり、写真を撮ったりしている姿も目立つ。ロンドンの中心部にあって、いつでも誰でも立ち寄れる居場所を提供していることの大切さは、今も変わっていない。

店長

ジム・マックスウィニー

「1980年代末に地方からロンドンに出てカミングアウトして、本屋でアルバイトの経験もあったし魅力的だなと思って、親には内緒で働き始めました。店の仕事は楽しいですよ。新刊書のカタログを見て、長年の経験からこれは読むべきだと思った本をセレクトし、読んで、ポップを書いて、並べる。お客さんと本について話をする。結局はごく普通の本屋の書店員と変わりありません。大変な時代もありましたが、イギリス内外からやってきて幸せな時間を過ごしているお客さんを見ていると、店をやっていてよかったと思います」

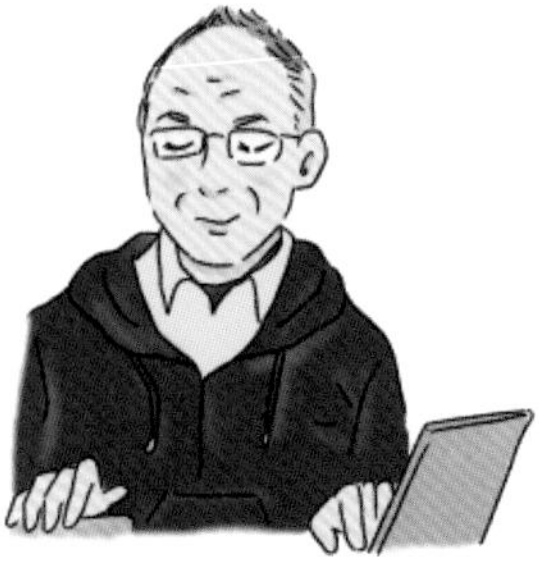

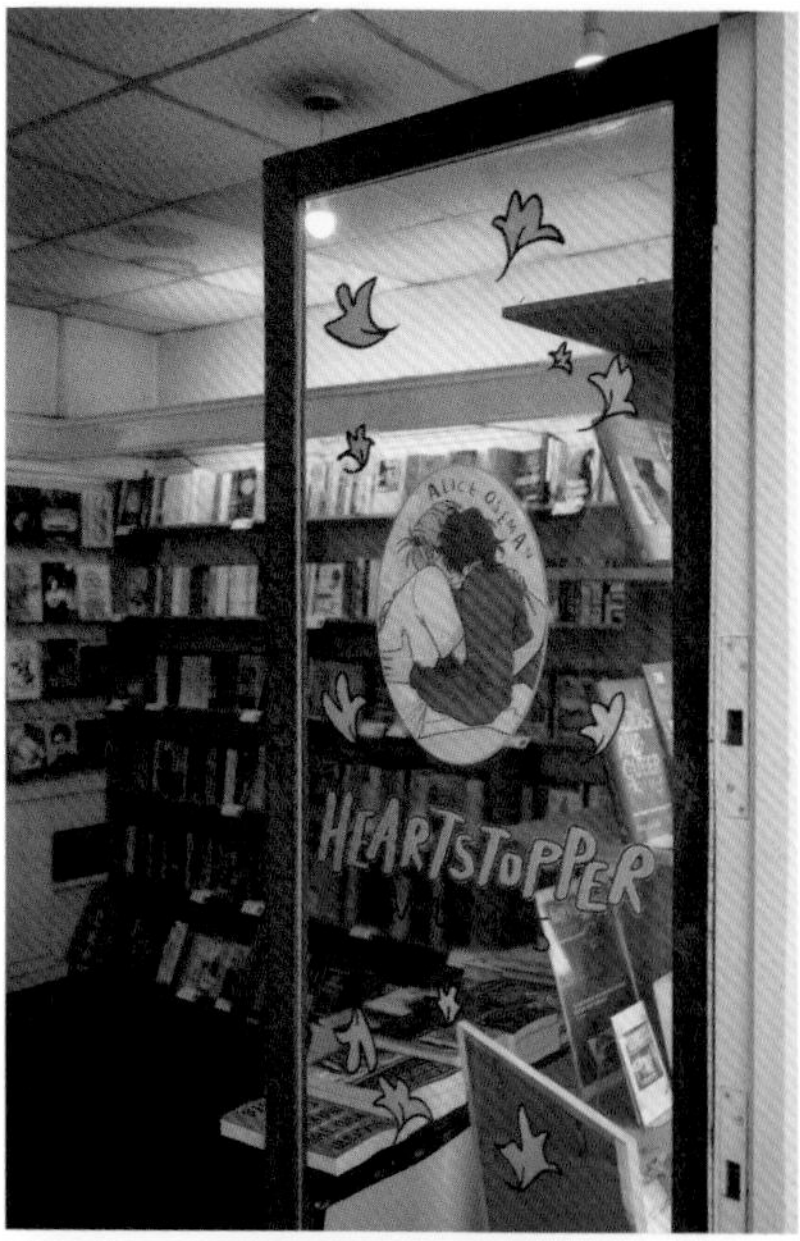

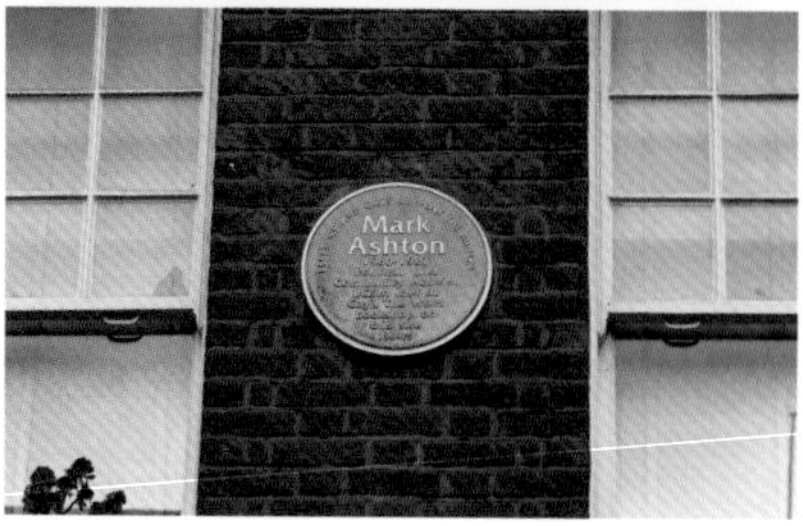

上／ガラスの壁には、店のロングセラーでもあるコミック『ハートストッパー』のイラスト
下／店のファサードのブループラーク。マーク・アシュトン（1960-1987）が、1984年・85年にゲイズ・ザ・ワードで「ゲイ・レズビアンの鉱山労働者支援の会」のミーティングを開いたとの説明がある。アシュトンは映画『Pride（プライド）』（2014）に登場する活動家で、店頭で募金活動をし、逮捕されそうになると店内に隠れたという逸話も残る

Gay's The Word

66 Marchmont Street, London WC1N 1AB
Tel: +44 207 278 7654
月〜土11:00〜18:00、日13:00〜18:00
開店＝1979年　店舗面積＝44㎡　店舗在庫＝不明

クィア文学からジェンダー研究まで

小説も詩も研究書も、店員が手分けして幅広く読み、店には自分たちが薦めたい本だけをピックアップして置く。ポップはスタッフ全員が書く。テイストが違うので多様性が生まれるのも人気の秘訣。

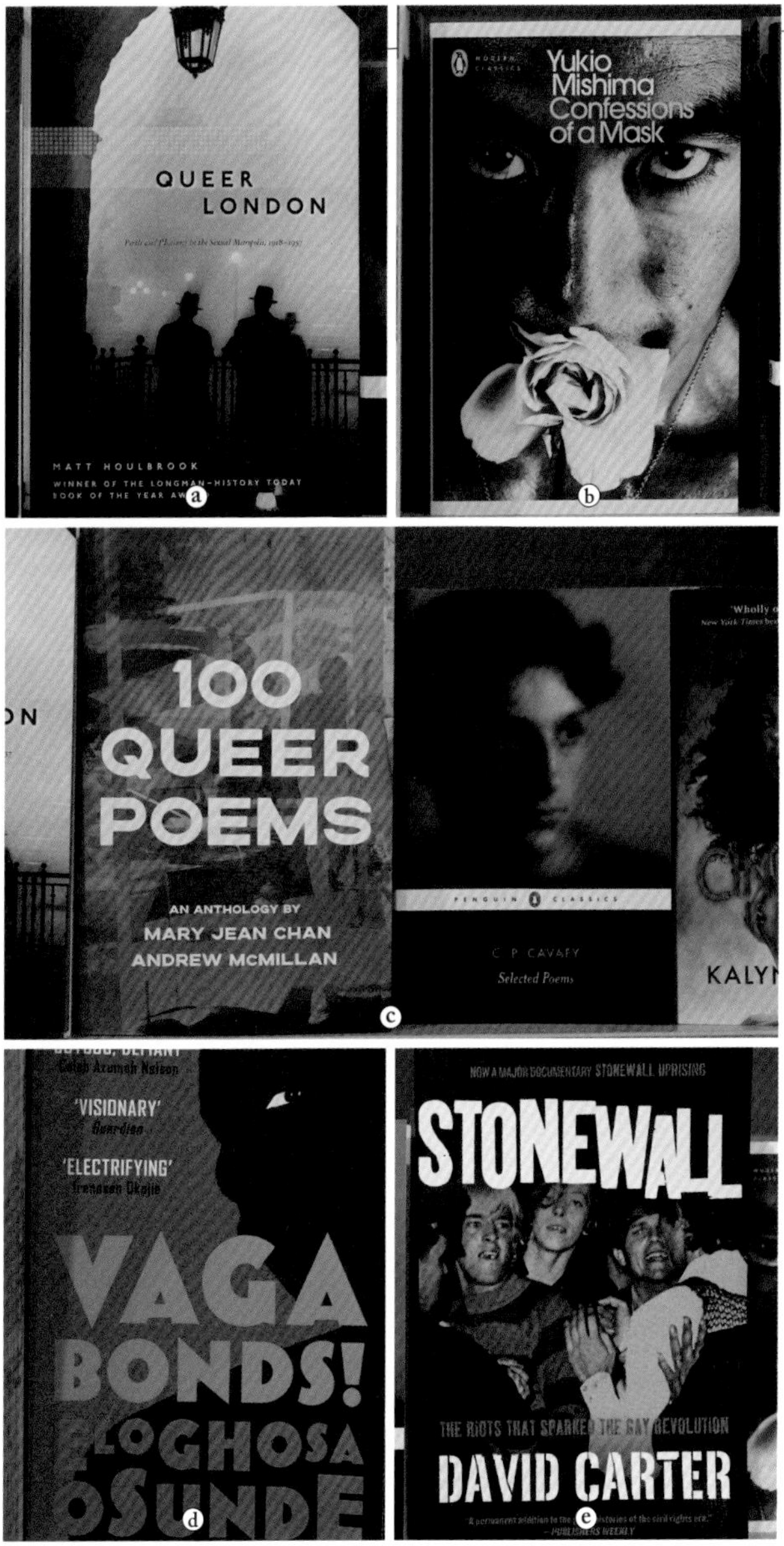

ⓐ ロンドンのクィアなスポットを紹介するガイドブック『Queer London』 ⓑ 三島由紀夫の『仮面の告白』、ギリシャの詩人コンスタンディノス・カヴァフィスの詩集はクィア文学の古典で店の定番 ⓒ 広くクィアをテーマとした詩のアンソロジー『100 Queer Poems』等 ⓓ ナイジェリアの作家エロゴサ・オスンデのデビュー作『Vagabonds!（バガボンド！）』はクィア現代文学の傑作 ⓔ デヴィッド・カーター著『Stonewall（ストーンウォール）』はゲイの権利運動の歴史についてのノンフィクション

天井まで本が積み上がる老舗

オープン・ブック

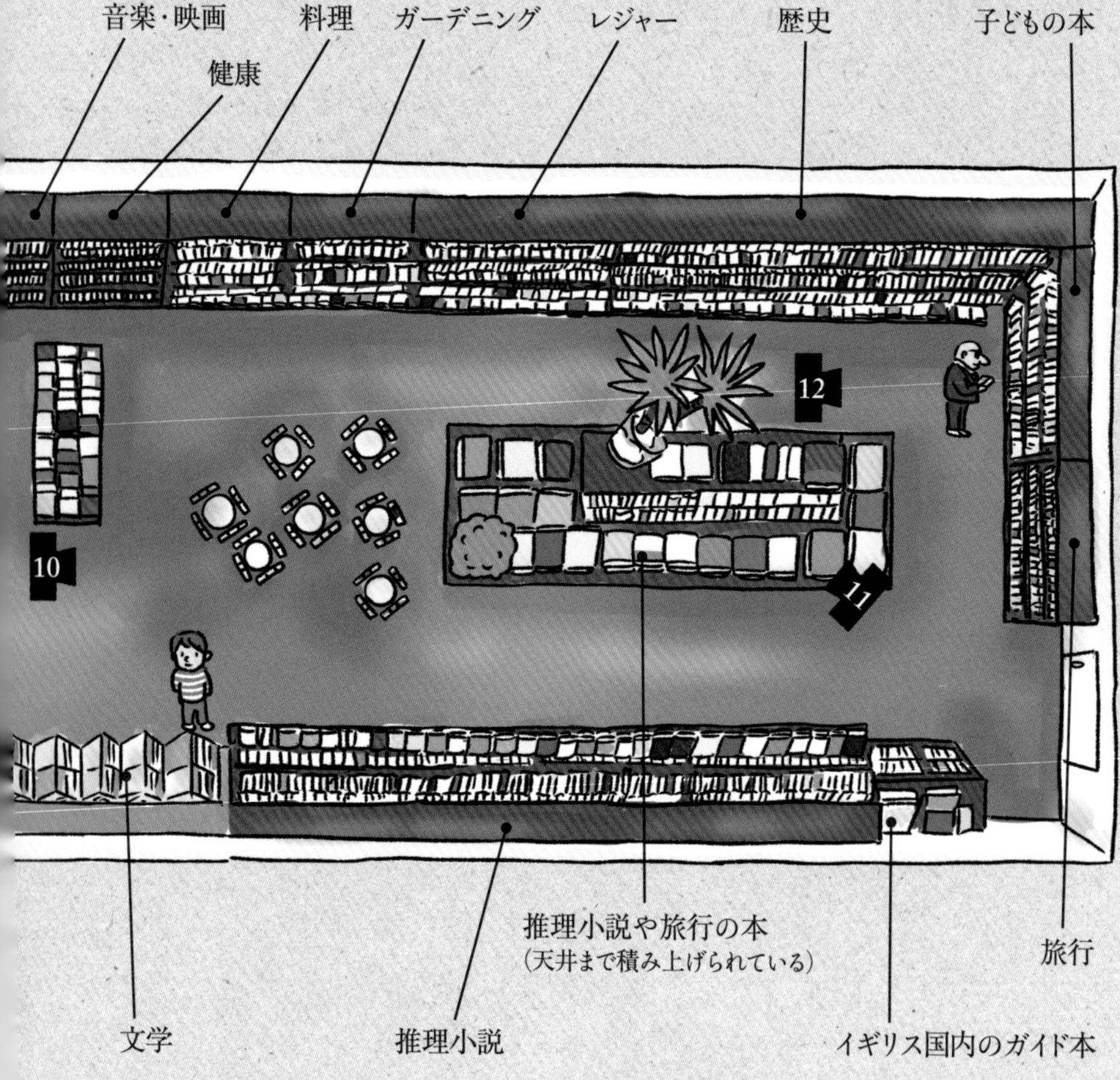

「棚に隙間を作らない」が
不文律。間口は狭いが、
中に入ると、無限に書棚が
伸びていくように感じる。
店主が頭の中で在庫を管理し、
読むべき一冊を
探し出してくれる。

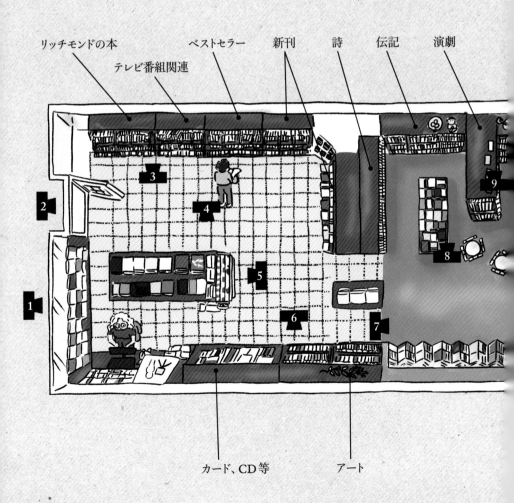

1

1.文字通りには「開いた本」を意味する「オープン・ブック」という店名は、「明白なもの」を指す慣用表現でもある。「いつもお客さんを歓迎する場所でありたい。そして、本はいつも開かれてほしい」という店主の願いが、店名と看板の絵に込められている

本屋巡りが楽しい町で三世代に愛される老舗

ロンドン西部のリッチモンドは、高級住宅街と、瀟洒なショッピングストリートで知られる。チェーン書店ウォーターストーンズの大型店も、児童書専門店アリゲーターズ・マウス（P.88）もすぐ近くにあり、本屋好きにはたまらない町だ。

ヴィクトリア朝時代の床のモザイクが残る建物では、代々書店が営まれてきた。一九七八年から数年間は、リッチモンド在住のミュージシャンであるザ・フーのギタリスト、ピート・タウンゼントが経営する書店「マジック・バス」があった。マジック・バス書店の閉店後、店は短期間ペンギン・ブックスの本だけを置く「ペンギン・ブックショップ」になる。その頃の在庫と、ペーパーバックの表紙が見えるように

3

2

4

2. 一見すると古ぼけた小さな店のようだが、奥に細長い。在庫管理は店主と店員の記憶が頼り。冊数は2万5,000冊とも言われる
3. 入口すぐには地元リッチモンドに関する棚。2004年に近所に住み始めて以来、夫で小説家のマイケル・フレインとともに店に通うという常連客の伝記作家クレア・トマリンがサインした自伝も
4. レジ周りも本が埋め尽くす

透明な板が斜めに並ぶ独特の棚を引き継ぐかたちで、一九八七年、オーナー店長のヘレナ・リチャードソンが現在の店を創業した。以来、文学通で知られるタウンゼントをはじめ、有名人を含む常連たちに三世代にわたって愛されている。

棚に隙間を作らない

店にはタウンゼントが残していったチューナーや家具が今もあって、店内の様子は七〇年代当時と基本的に変わっていない。公式ウェブサイトでは、店を「ターディス」（SFコメディドラマ「ドクター・フー」シリーズに登場するタイムマシン）にたとえている。「古本屋をやりたかった」という店主の趣味が、店の雰囲気に反映されている。

　フロアは幅三メートル、奥行き二十五メートルと奥に細長い。平台の上には、異なるタイトルの本が天井に迫る

5. プレゼントを買い求める人が多いため、上質な包装紙を常備。美術館御用達のメーカーから仕入れる
6. 判型や出版社は関係なく、図書館のように著者名（アルファベット）順に並べた文学の棚。大きな本は横向きに差し込まれている
7. 表紙が見られる設計の透明アクリル板の棚は、ここがペンギン・ブックスの専門店だった時代に設けられたビンテージ

ように積み上げられ、延々と続く著者のアルファベット順の文学の棚は、縦に並ぶ本の上に、横向きに本が差し込まれている。「棚に隙間を作ってはならない」という不文律は、毎年十月の出版ラッシュ時にはさらに徹底され、その光景は地元の風物詩になっている。

扱うジャンルは幅広く、古今東西の小説から伝記、テレビの人気番組関連本、地元の歴史にちなんだ本や写真集、料理書まで、一般向けの本はほぼ揃う。一度仕入れた本は売れるまで置くというポリシーがあり、返本はほとんどしない。ゆえに、創業当時から棚に並ぶビンテージ本を見つける宝探しの楽しみもある。不定期で出現するセールコーナーも人気だ。

「どんな本でも見つかるし いつも楽しい時間が過ごせる」

リチャードソンは、出版社ペンギ

8. 伝記のコーナー。平台は様々な判型の本が組木細工のように積み上げられている。棚の上にはジェームズ・ジョイスの肖像
9. 音楽の棚の上に置かれたギターが店の歴史をさりげなく物語る
10. 気の利いたグリーティングカードが買えることでも定評があり、創業当時からの在庫である掘り出し物のビンテージも見つかる

ン・ブックスに勤めた後、他の書店での書店員を経て、この店を始めた。顧客ごとに的確な本選びをする手腕には定評がある。長年勤める書店員は「ヘレナは店内すべての本について知っている」と証言する。

店にはひっきりなしに客が訪れ、本を買うついでに店主や店員と立ち話する人の姿が途切れない。「ここに来ればどんな本でも見つかるし、いつもとても楽しい時間が過ごせる」と、まるで自慢するように話しかけてくる中年の男性客もいた。

いつもそばに本がある生活を応援する、町の本屋さん。リッチモンドに暮らし、毎日でもこの店に来られる人たちが、心底うらやましくなる。

オーナー店長

ヘレナ・リチャードソン

「お客様から『絶対に店を閉めないで』と言われることがよくあります。ピートのマジック・バス書店の時代に比べれば、これでも店に置く本の数は減っています。本屋業は難しい時代になっていますから。同じ場所にただしっかり足を踏ん張らせて立っているのがどんどん大変になってきているというのが実感。そんななか、まだ店を続けているという事実が何よりの誇り。でも本屋業は楽しいです。朝、店を開けるときも、新しく届いた箱の中にどんな本が入っているかしらと開く瞬間も、いつもわくわくします」

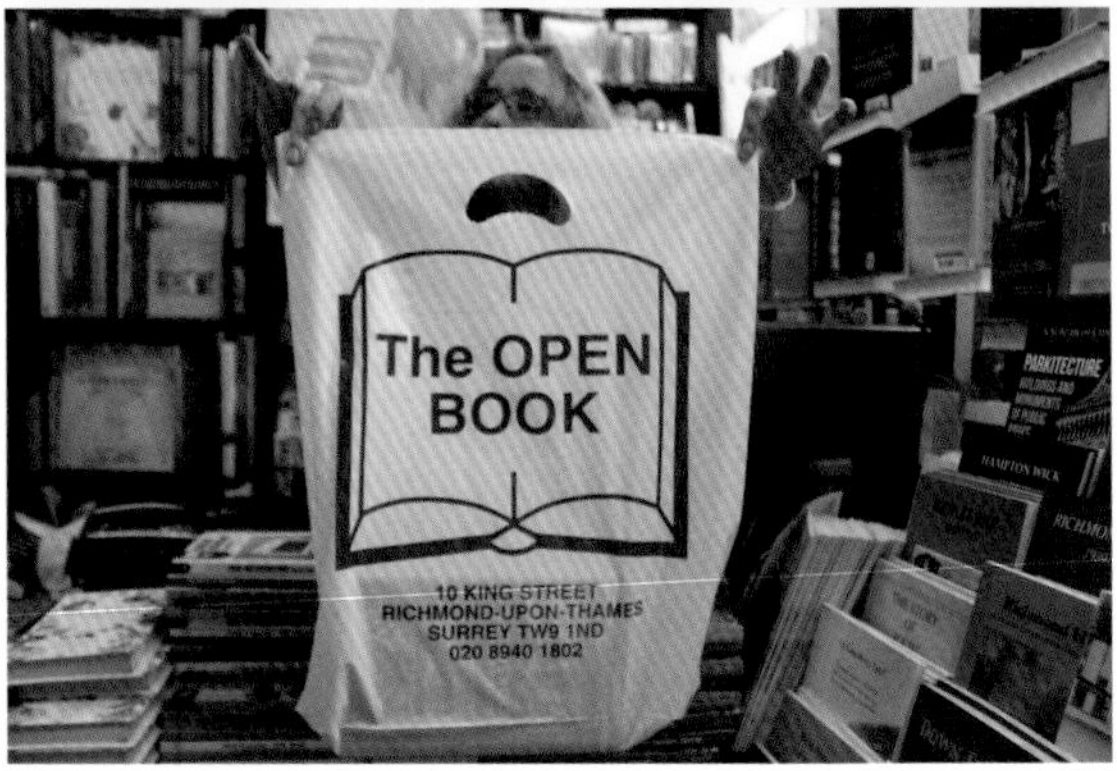

11. バベルの塔を思わせる推理小説のタワー。天窓に届きそうなくらい本が積み上げられている。数は多くても完璧に管理されている
12. 本の上にできた隙間には、必ず本を横向きに詰め込む
下／開かれた本の絵と店名のロゴがあしらわれているショッピングバッグ

The Open Book

10 King Street, Richmond-Upon-Thames TW9 1ND
Tel: +44 20 8940 1802
https://theopenbook0.wixsite.com/theopenbook-richmond
月〜土9:30〜18:00、日11:00〜18:00
開店＝1987年　店舗面積＝約75㎡　店頭在庫＝不明

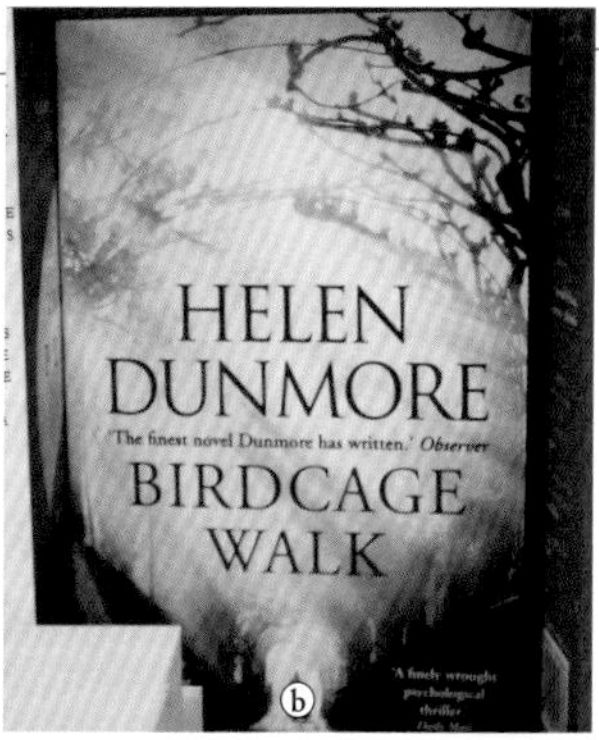

人気歴史ドラマの原作など文学や伝記が充実

店が主催するトークイベントに出演した作家や、リッチモンド周辺にゆかりのある作家たちによる著作は、店の目立つところに置いている。BBCの番組に関連した本も人気。

ⓐ 動物学者でBBCの番組でも人気のデイヴィッド・アッテンボローによる若い時代の回顧録『Adventure of a Young Naturalist』 ⓑ ヘレン・ダンモアの歴史小説『Birdcage Walk（バードケージ・ウォーク）』 ⓒ ヴァージニア・ウルフの書簡集『The Illustrated Letters of Virginia Woolf』 ⓓ 20世紀前半のロンドンが舞台で、連続ドラマにもなったアントニー・パウウェルの大河小説『A Dance to the Music of Time（時代の音楽に合わせたダンス）』。全12話からなる大作 ⓔ ヒラリー・スパーリングによるアントニー・パウウェルの評伝

アナーキーな仲間が集まる本屋

カウリー・ブックショップ

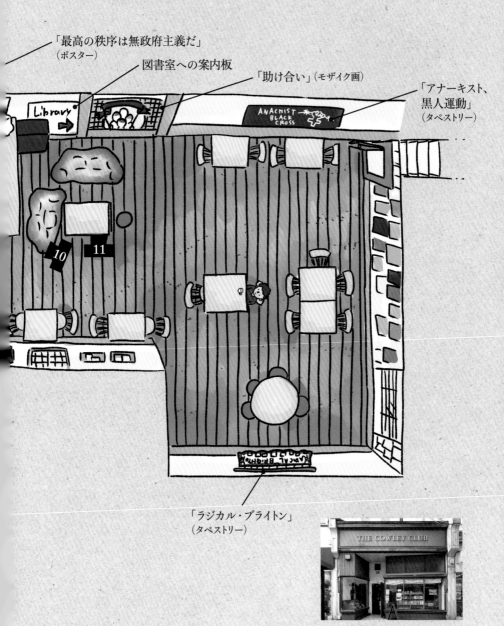

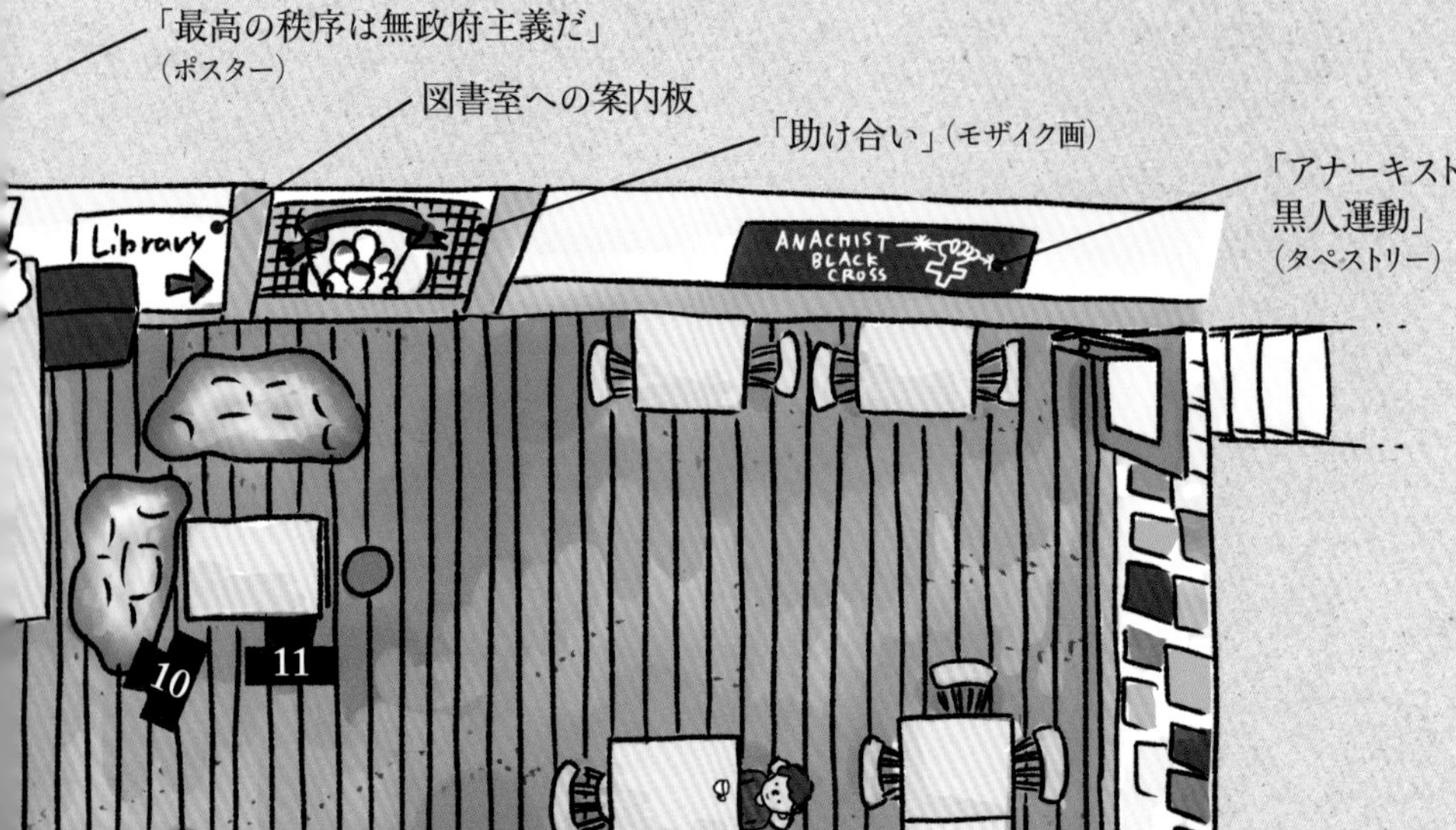

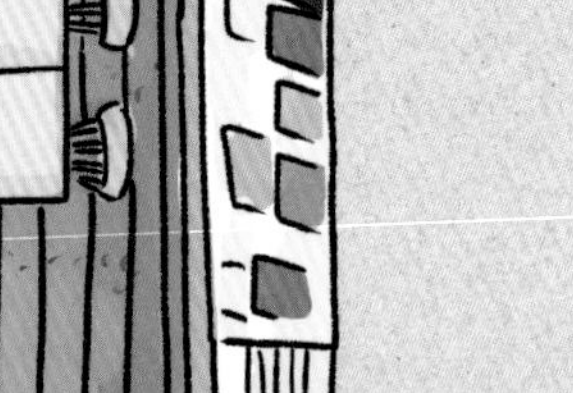

社会の改革を
目指す人たちが集う
秘密結社のようなクラブ。
その顔であり心臓でもあるのが
ブックカフェだ。
どんな人でも温かく迎え、
刺激的な本に出会わせてくれる。

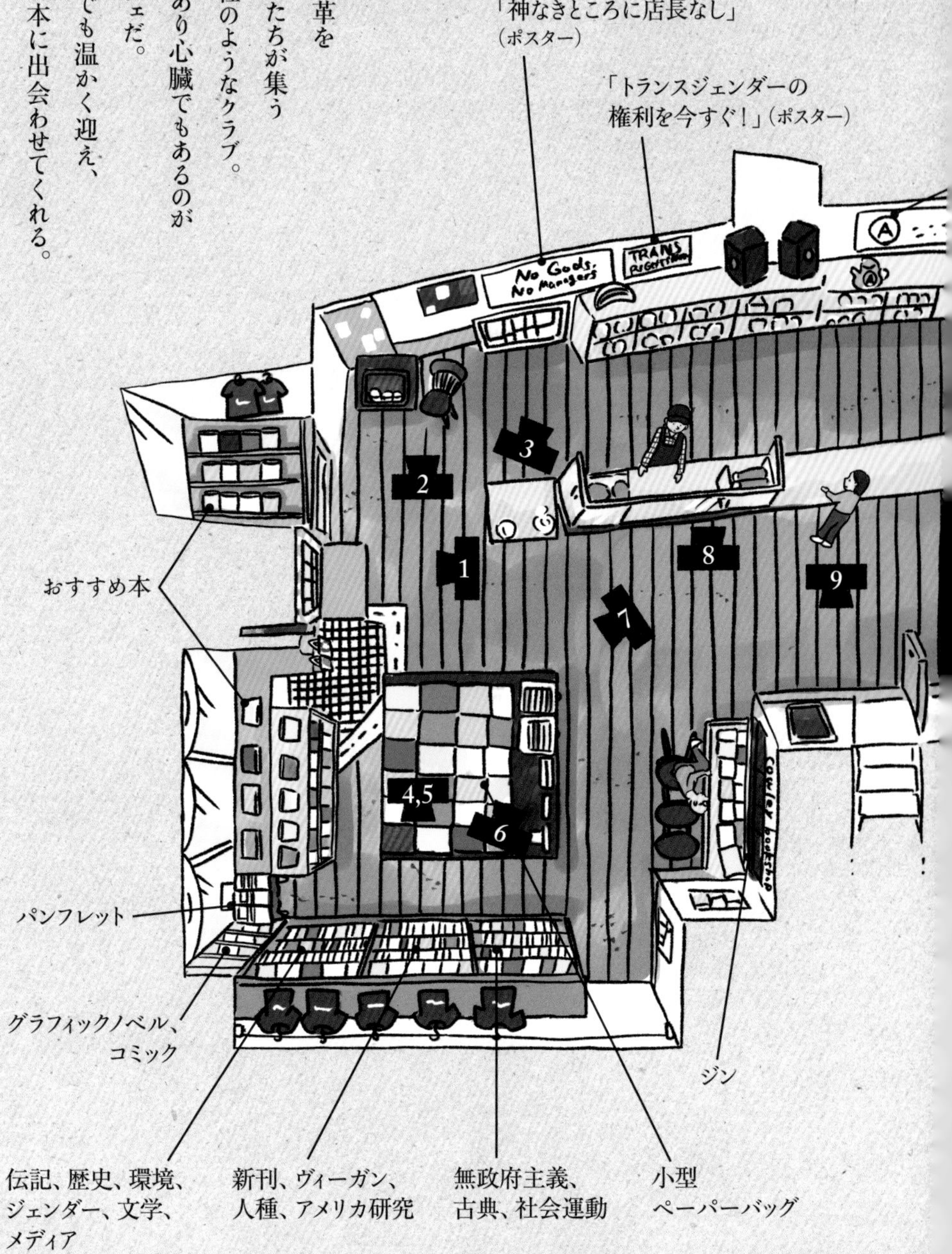

1. 様々なスローガンのステッカーが貼られた店のドア。「毛皮をボイコットせよ」から、「階級闘争を楽しもう」「セックスを愛し、セクシズムを憎め」「パレスチナ解放」まで
2. 「助け合い」を掲げるフードバンクの寄付用の箱。ヴィーガンの食品や歯磨き粉等の日用品を受け付けている
3. カウンター脇の掲示板。犬の大規模ブリーダー業者への反対運動、無政府主義とパンクの出版プロジェクト等のポスター

自由な町ブライトンの
ラジカルな本屋

ロンドンから電車で一時間ほど南に行くと、海辺の町ブライトンに着く。イギリスで最もＬＧＢＴＱ＋の人の比率が高く、進歩的な思想を持つ人の多い自由な町として知られる。

そんなブライトンの気質がよく表れている本屋といえば、目抜き通りであるロンドン・ロードにあるカウリー・ブックショップだ。「アナーキスト（無政府主義）のソーシャルセンター」を名乗るカウリー・クラブの店の入口に位置し、完全にボランティアによって運営されている。イギリスで近年増加傾向にある急進派書店《ラジカル・ブックショップ》を代表する一軒でもある。

昼間は、誰でも気軽に入れるブックカフェで、おいしいコーヒーとプラントベースのケーキ、そして他では出会

4. 店内入ってすぐのスペースが書店コーナー。独自のジャンル分けで厳選した本を並べる店の顔だ。「COWLEY BOOKSHOP」という手作りのロゴが掲げられた棚の上に、クラブのオリジナルTシャツの見本が並ぶ
5. 子ども向けのフェミニズムの入門書や、「クィアな動植物の塗り絵」といったユニークなタイトルも
6. 壁にはビンテージの本を収めたガラスケースがあり、店名の由来になったブライトンの無政府主義活動家、ハリー・カウリーの伝記も。バーのカウンターが、書店のレジを兼ねる

えないような本やジンに出会える場所だ。夜はウィンドウに幕を下ろして、メンバーズクラブ「12ロンドンロード・ソーシャル・クラブ」に変身。イギリス内外からクールな会場名と空間に惹かれてやってくるロックバンドのライブ会場としても使われる。

世の中を変えるために本と仲間に出会える場所

本のテーマは、リバタリアン（完全自由主義）、フェミニズム、LGBTQ+、菜食主義、環境主義など。現代社会と既存の体制について新たな視点から見直し、その問題点に気づき、世界を変えて行くための実践方法を説く本ばかりだ。

カウリー・クラブは会員百六十人が出資し、ボランティアで活動に参加する協同組合だ。以前はブライトンのあちこちの建物を不法占拠してカフェを

7. バッジとポストカードのほか、おすすめ本の表紙を見せて並べている平台は、パブによくある昔ながらのサッカーゲームのテーブルを利用
8. モカ、チョコレート・チェリー、洋梨とカルダモン等、ケーキはすべて植物由来の材料で手作りしている

8

7

設けて活動の場としていたが、「いつでも安心して集まれて、新しい仲間を迎え入れられる常設の場所」を持つことを決め、資金を持ち寄り、共同でローンを組み、建物を購入した。そして、一年余りの改修工事を経て二〇〇三年にオープンした。

財源は、カフェとバー、そしてライブ会場としての収入だ。書店は非営利を貫く。本をできるだけ低価格で販売し、幅広い人に提供する。収益はすべて、書籍やジンの新たな在庫を買うために充てられる。本に加えて、スローガンやシンボルがあしらわれたピンバッジや缶バッジ、シール、Tシャツも人気商品だ。

カフェではマグにたっぷり入ったおいしいコーヒーや、プラントベースのケーキをほぼ原価で提供。アート・クラブ、キッズ・クラブ、ピアサポート・グループ等のコミュニティ支援グ

10

9

11

9. 店内で開かれるコミュニティの会合の予定等のお知らせを書く黒板
10. ボランティア仲間が和気あいあいと働くカウンター。夜はメンバー制のバーとして営業している
11.「助け合いと協力」と書かれた幕を掲げる仲間たちを描いたモザイク画は、クラブのシンボル

ループには、スペースを無料で貸している。

　本だけではなく、壁の手作りポスターやタペストリー、モザイクも、連帯と助け合いといったモットーから、トランスジェンダーの権利やガザの停戦など具体的な訴えまで、世界の変革を目指す様々な言葉に出会える。「神なきところに店長なし」という標語は、そのまま、書店の思想と運営体制を端的に伝えている。ヴィーガンのフードバンクを主催しているのも、助け合い、動物の権利と環境主義という社会改革の実践だ。

　ロックな町、ブライトンの空気に浸れて、斬新な本に出会える刺激的な空間。ブライトン在住の作家、ブレイディみかこもここに足を運ぶ。

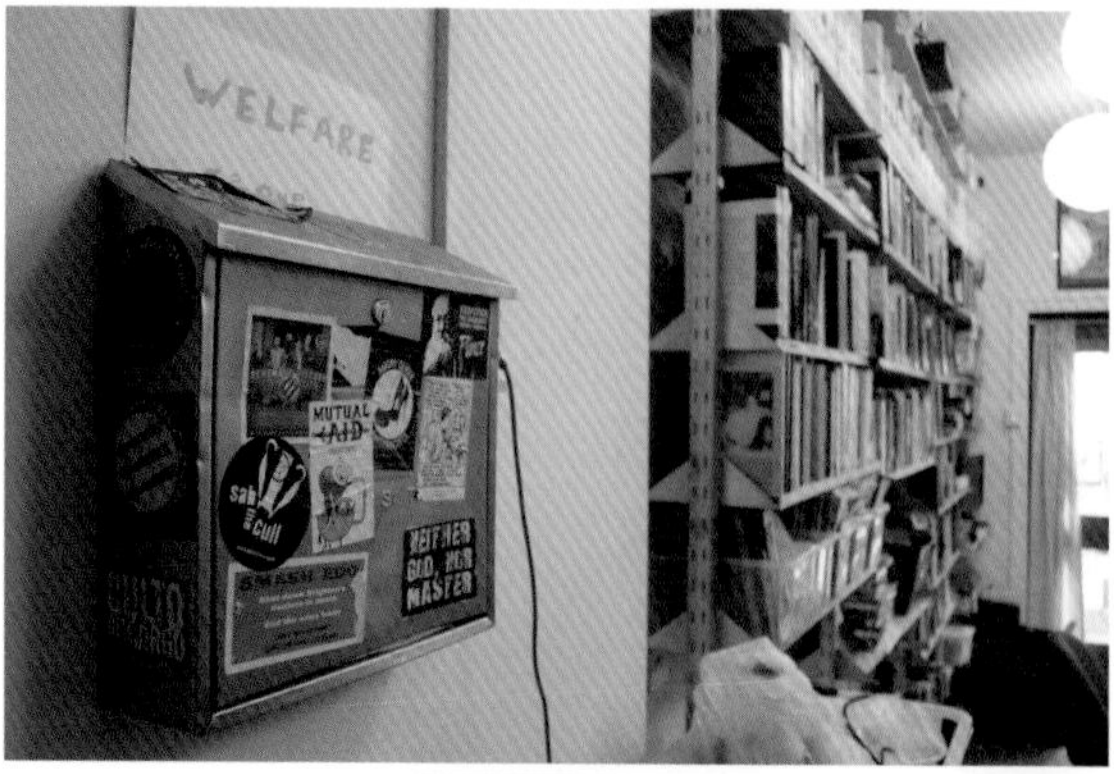

運営メンバーの一人

イアン・ブロス

（学生時代からの通称「ブラ」）

「本屋は、仲間が集って社会改革を目指すカウリー・クラブの要となる部分であり、新旧の仲間を歓迎する場です。手作りの空間で、おいしいコーヒーを楽しみながら、本をめくり、急進的な思想を知り、いかに社会を変えていくかを考えることができます。ウィンドウを割られたり、誰かの通報で警察に店内のポスターを剥がされたりしたこともありますが、誰でも歓迎する本屋を続けて行くことは、私たちの活動の基本です」

上／絶版の本も含む貴重な蔵書が並ぶ図書室。「助け合い」「神も主人もいない」「歴史を忘れるな。ファシズムと闘おう」等のステッカーが貼られた郵便受けが、クラブの歴史を物語る
下／図書室に通じる中庭にある壁画。メキシコの女性殺害に反対する社会運動「Ni Una Más（もう、一人の女性も殺さない）」をテーマに、どんぐりがなる木を描いている

The Cowley Bookshop

12 London Rd, Brighton and Hove, Brighton BN1 4JA
Tel：なし
https://cowley.club
火13:00～15:00、金12:00～16:00、土12:00～17:00
開店＝2003年　店舗面積＝32㎡（カフェ・バーのスペースを含むと84㎡）
店頭在庫＝書籍500点＋パンフレット・ジン200種類

政治と社会を変革する道筋を示す書籍とジン

選書の基本は口コミ。既存の体制に異議を唱えるべく、様々な角度から急進的な思想を学べるノンフィクションの本とジンを中心に、少数のフィクションやコミックをイギリス内外から広く仕入れている。

ⓐ

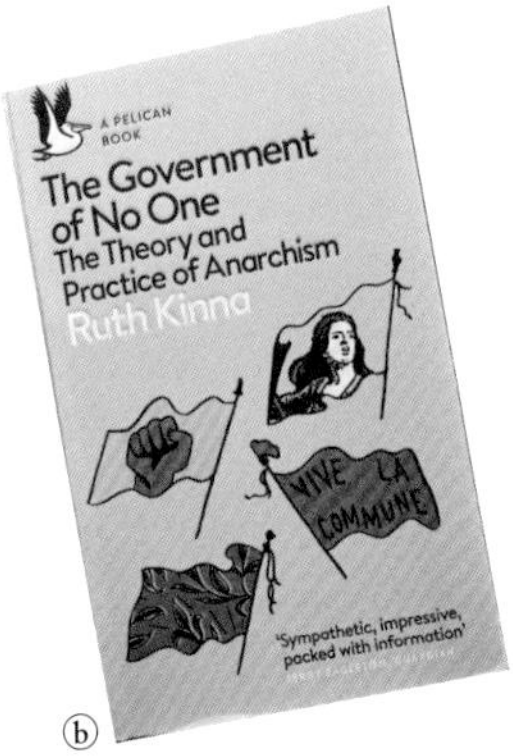

ⓑ

ⓒ

ⓓ

ⓔ

ⓐ『Mutual Aid: Factor of Evolution（助け合い　進化の要因）』
「適者生存」「弱肉強食」という進化論に基づく定説に異議を唱える本

ⓑ『The Government of No One（誰のものでもない政府）』
無政府主義の入門書といえばこれ。最初に読むべき本はと聞かれたら勧める本

ⓒ『We, The Anarchists!（私たち無政府主義者）』
カウリー・クラブのメンバーである著者が、スペイン内戦とファシズムを論じた本

ⓓ『Anarchist Seeds Beneath The Snow（雪の下の無政府主義の種）』
オスカー・ワイルド、ウィリアム・モリス、ジョージ・オーウェルら、イギリスの歴史に名を残す人物たちがいかに無政府主義を形成してきたかを紹介

ⓔ『Another Dinner Is Possible（異なるディナーは可能だ）』
ヴィーガンのレシピと、菜食主義がもたらす利点を説明している

“独立国家”の伝説は今も

リチャード・ブース

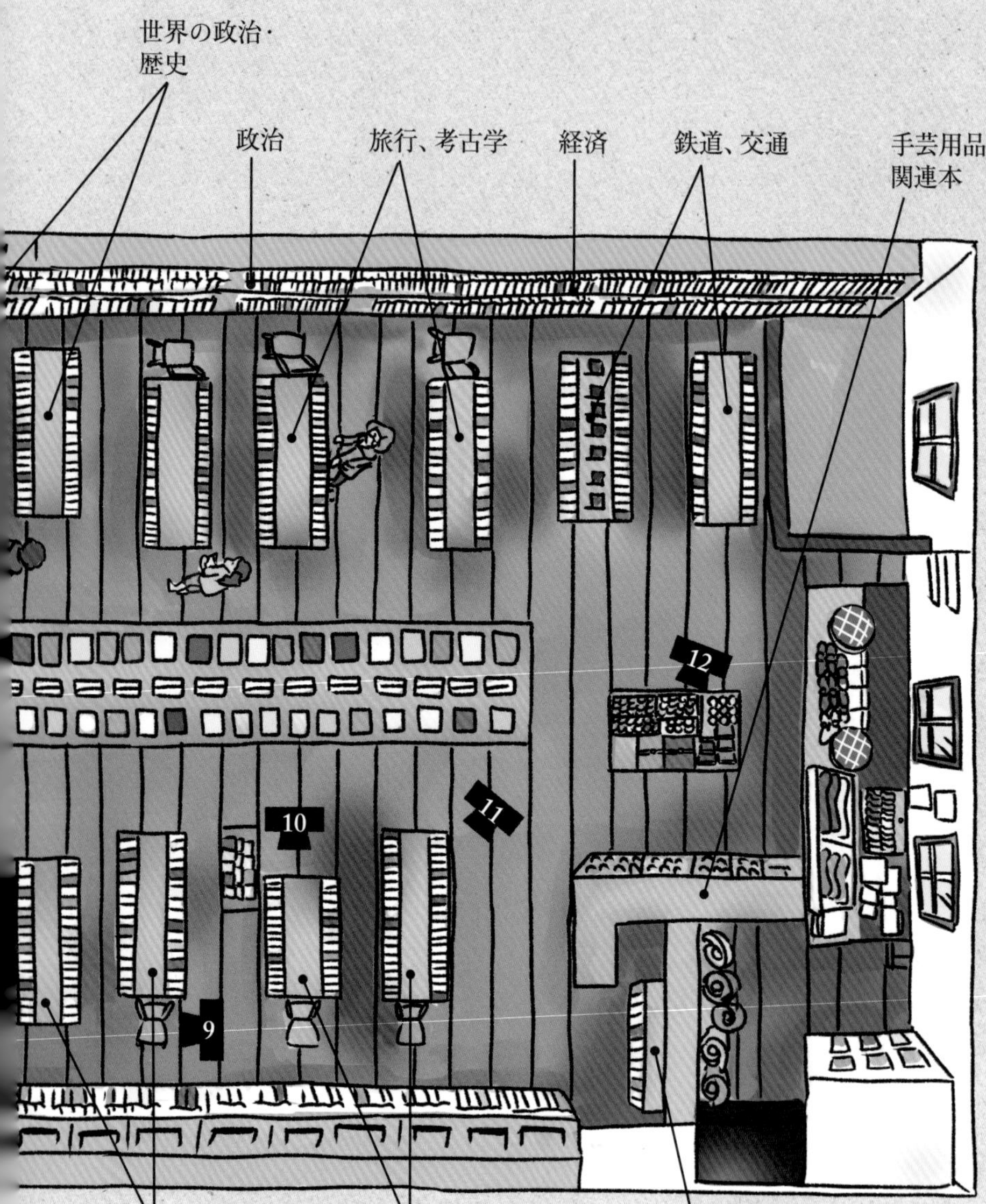

本の聖地として知られる
ヘイ・オン・ワイ。
その世界的な名声は70年代、
一人の男の
〝独立国家〟宣言から始まった。
彼が創業した本屋は、
今も人々を
惹きつけてやまない。

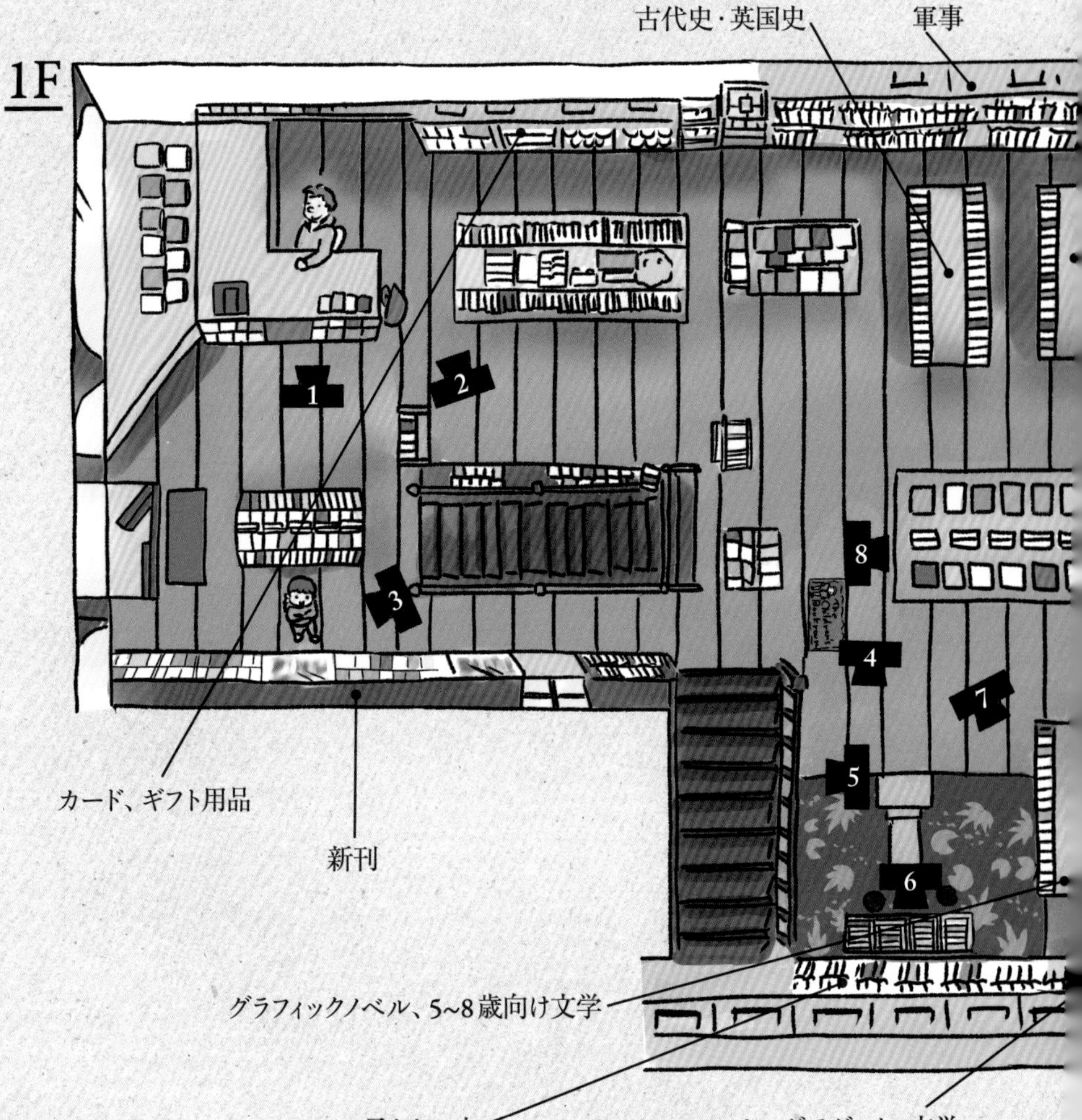

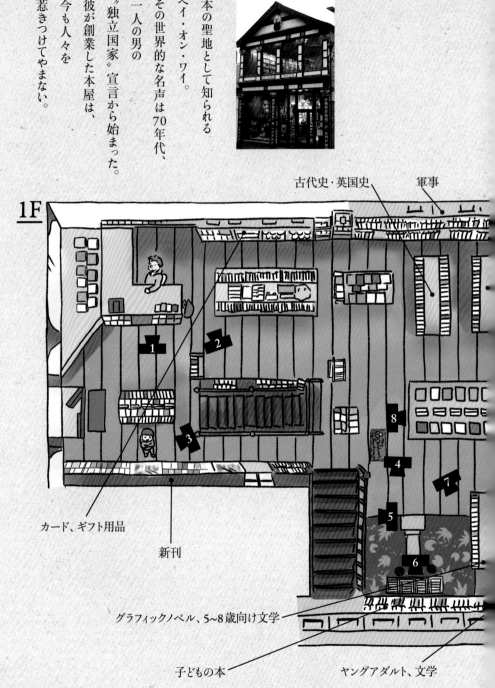

1. ライオンのエンブレムのあるレジカウンター
2. ウェールズの自然を思わせる小鳥や植物の柄のブックトートも人気
3. 天井まで続く造り付けのオークの本棚と、上段に収まる古書が重厚な雰囲気

緑豊かなウェールズで書店主が始めた〝独立国家〟

ロンドンから電車で2時間余り。ヘレフォード駅前で路線バスに乗り換え、小麦畑や放牧地を眺めつつ揺られていくと、一時間ほどでヘイ・オン・ワイに着く。細い石畳の道が続く小さな町は、世界中から作家や本好きの人たちが集まる本の町だ。

物語は、伝説の王、リチャード・ブース（一九三八～二〇一九）の〝独立宣言〟から始まる。ブースはオックスフォード大学を卒業後、古書ディーラーとなり、大型資本によるショッピングモールに対抗すべく、緑豊かなウェールズの田園地帯に、専門性の高い「本屋の町」を作る構想に邁進した。一九六二年以降、最盛期には十軒近くの書店をヘイで経営した。

一九七七年、ブースは「ヘイ王国」

4. 床がタイル張りの子どもの本コーナー
5. ヘイで数軒の店を経営していたウィリアムズ親子の農業用品店だったことを示す看板。階段の脇に飾られている
6. りんごを入れる木箱に、セールの絵本が並ぶ。スツールも置いて親子でじっくり選べるように配慮
7. イラストが美しい植物の種類別の図鑑
8. 奥に細長い店の両側に木の本棚が並び、中央には平置きの台が連なる。天井の梁が歴史を物語る

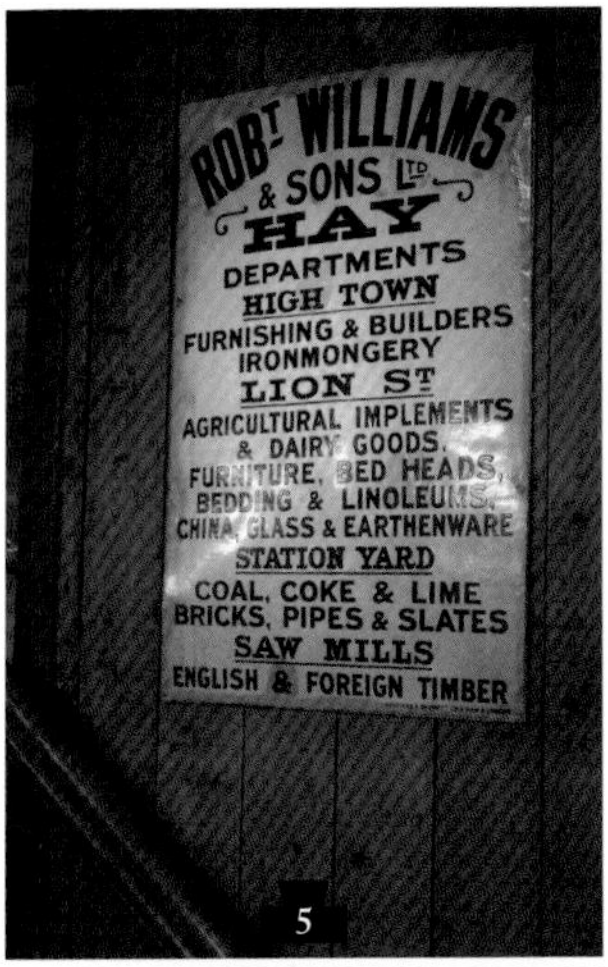

5

4

6

8

7

の独立を宣言する。自ら国王を名乗り、飼っていた馬を首相に、友人を閣僚に任命し、恋人を公爵夫人と呼んだ。人口二千人足らずの町は、やがて三十軒余りの書店が集まる本の聖地となった。王国は世界中に知れ渡るようになり、一九八八年からは、毎夏開催する文学・芸術祭にイギリス内外から作家と本好きが集まってくる。

　思想も生き方も反体制を貫いたブースだが、ウェールズの観光産業への貢献が認められ、二〇〇四年には大英帝国勲章を受けた。入口すぐのレジカウンターには、店がある通りの名前「ライオン・ストリート」にちなんで一九六二年設立を高らかに掲げるライオンのエンブレム。「ライオンの心」（イングランド王リチャード一世の別名）の代わりに「本の心」とフランス語で書いて、「ヘイの王様」リチャード・ブースへの敬意を捧げる。

9. 古本と新しい本の双方を扱うが、完璧に整理されている。石の床に、革張りの木の椅子が似合う
10. 人気のある歴史書のコーナー
11. 「地図」「環境」「生物」等カテゴリーを示す木札は、フォーマットを揃えつつ、金色の文字の字体を少しずつ変えて遊び心を出している
12. 毛糸やボタン、ミシン糸等、デパート並みに充実した手芸用品売り場。作り方の本と同時に揃えたくなる

ブースを慕う
ヒッピー世代が通った店

ブースが経営した書店のうち、往時から旗艦店と位置付けられ、今も唯一残っているのが、このリチャード・ブースである。もとは農具や肥料、飼料を売る店だった広大な建物に、近隣の裕福な農家から仕入れた大量の古本を陳列した。

その頃を知る人は、「ブースを中心にヒッピー世代の若者たちが集い、コミュニティクラブのような店だった」と懐かしむ。店内にはエキセントリックで遊び心に満ちた演出があり、たとえばカーテンで区切った秘密めいたコーナーには「ポルノグラフィ」という看板がかかっていたが、中に入るとD・H・ローレンスの『チャタレー夫人の恋人』やナボコフの『ロリータ』といった文学作品が並んでいたとか。

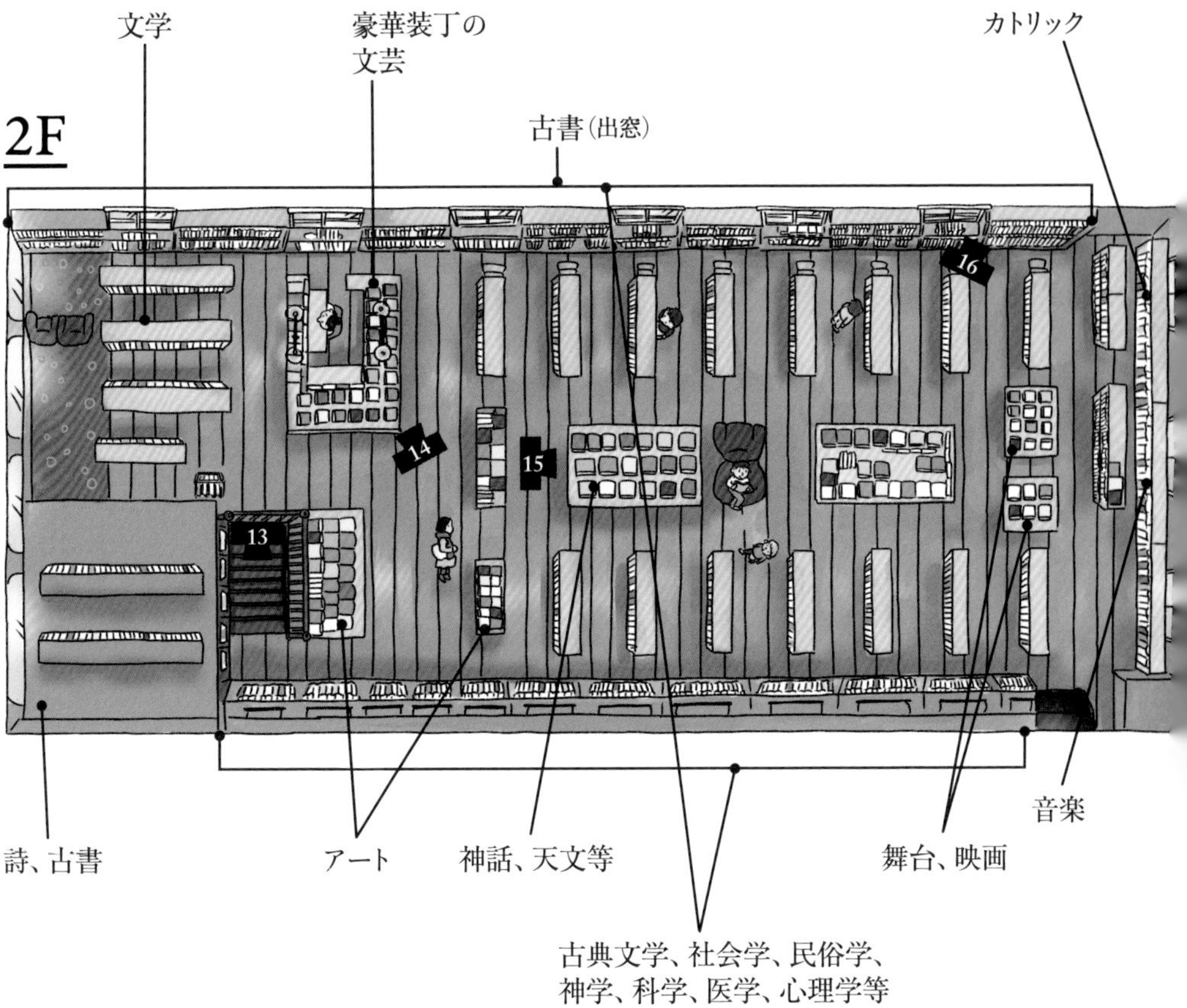

新たな波を受け入れつつ「王様」の店は今も健在

この店を二〇〇七年に買い取ったのが、ヘイ近隣出身のイギリス人を祖先に持つアメリカ人実業家、エリザベス・ヘイコックスだ。雑然としていた店を磨き上げ、老舗の雰囲気を活かしながら、現代的な店づくりに成功した。

図書館のように連なる棚を眺めて本を見つける宝探しの楽しみを残しつつ、地元の人たちに人気のクラフトコーナーを新設し、新刊書の充実を図った。また、文学・芸術祭の期間中はポップアップのカフェを設けたり、近くの廃墟になっていた町の城を買い取って観光スポットとして公開したりするなど、地域の活性化に貢献している。

「国王」が築いた書店は、「ヘイの女王」と呼ばれる新たな店主のもとで、今なお愛され続けている。

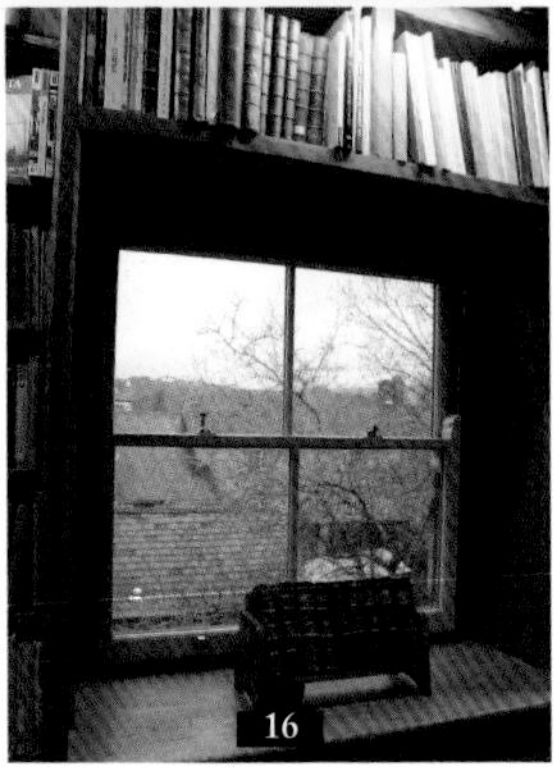

13.2階への階段。階上で扱うカテゴリーが書かれている
14.2階の案内カウンター。豪華装丁の愛蔵版の文学書が並ぶ
15. 三角屋根の天窓から曇り空が見える。革張りのソファを中心に、大型の本棚が左右に連なっている
16. 石造の建物が続く窓からの眺めを、古書が取り囲む

オーナー店長

エリザベス・ヘイコックス

「アメリカにいた頃は、デパートのファッション売り場で働いたり、B＆Bや結婚式場の経営をしたり、小売業・サービス業で様々な経験を積んできました。でも本を売るのが一番楽しいですね。うちの店の売れ行きが順調に伸びているのは、本屋の概念を考え直すところから始めたから。本は音楽や映画、アートと密接なつながりがありますから、映画館を併設し、店内ではミニ展覧会も開いています。核となるのは書店業で、あとはお客様へのプレゼントです」

Richard Booth's Bookshop

44 Lion Street Hay-on-Wye, Hereford HR3 5AA
Tel: +44 149 7820 322
www.boothbooks.co.uk
月〜土9:30〜17:30、日11:00〜17:00
開店＝1962年　店舗面積＝約2,000㎡　店頭在庫＝約15万冊

文学、芸術、クラフト、実用書等、すべてが揃う店

ウェールズの長い冬におうち時間を充実させるアートや手芸のコーナーは大人気。また植物事典やバードウォッチング等、農村の暮らしと自然を楽しむ本が充実している。

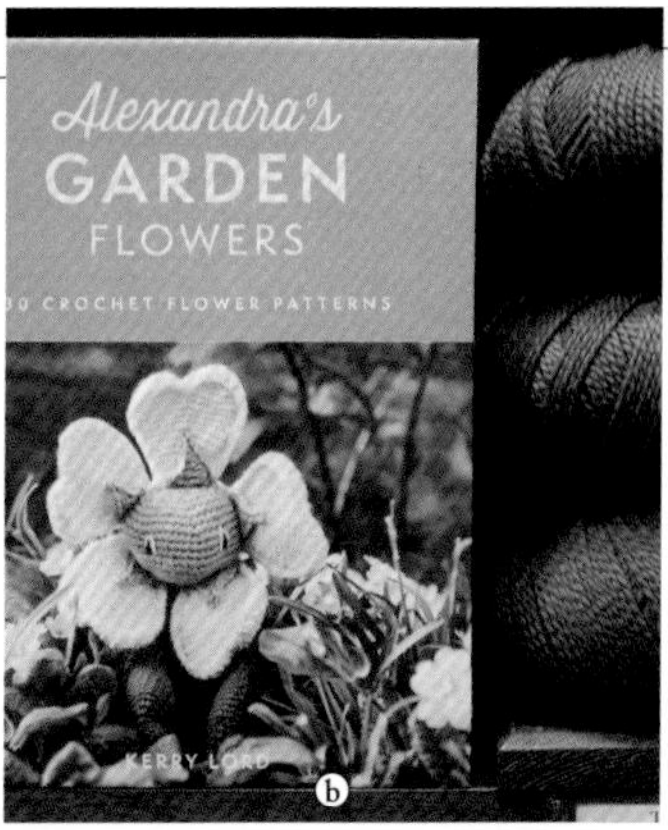

ⓐ ジェーン・ディレンバージャーとジョン・ハンドレーの共著『The Religious Art of Pablo Picasso（ピカソの宗教美術）』 ⓑ クロシェ編みで作る花のレシピ集『Alexandra's Garden Flowers（アレクサンドラの庭の花）』 ⓒ イギリス人現代作家の小説のコーナー。ヘイ文学祭にも参加している大御所イアン・マキューアンの最新作『Lessons（レッスン）』、新進作家ジリアン・マカリスターの『ロング・プレイス、ロング・タイム』等 ⓓ 詩人・画家フリーダ・ヒューズのエッセイ『George: A Magpie Memoir（ジョージー カササギの回想録）』は、ウェールズの田舎に引っ越してきた著者が、孤児になったカササギの雛を育てた体験を綴る

画家と作家が経営する町の本屋さん

インク@84

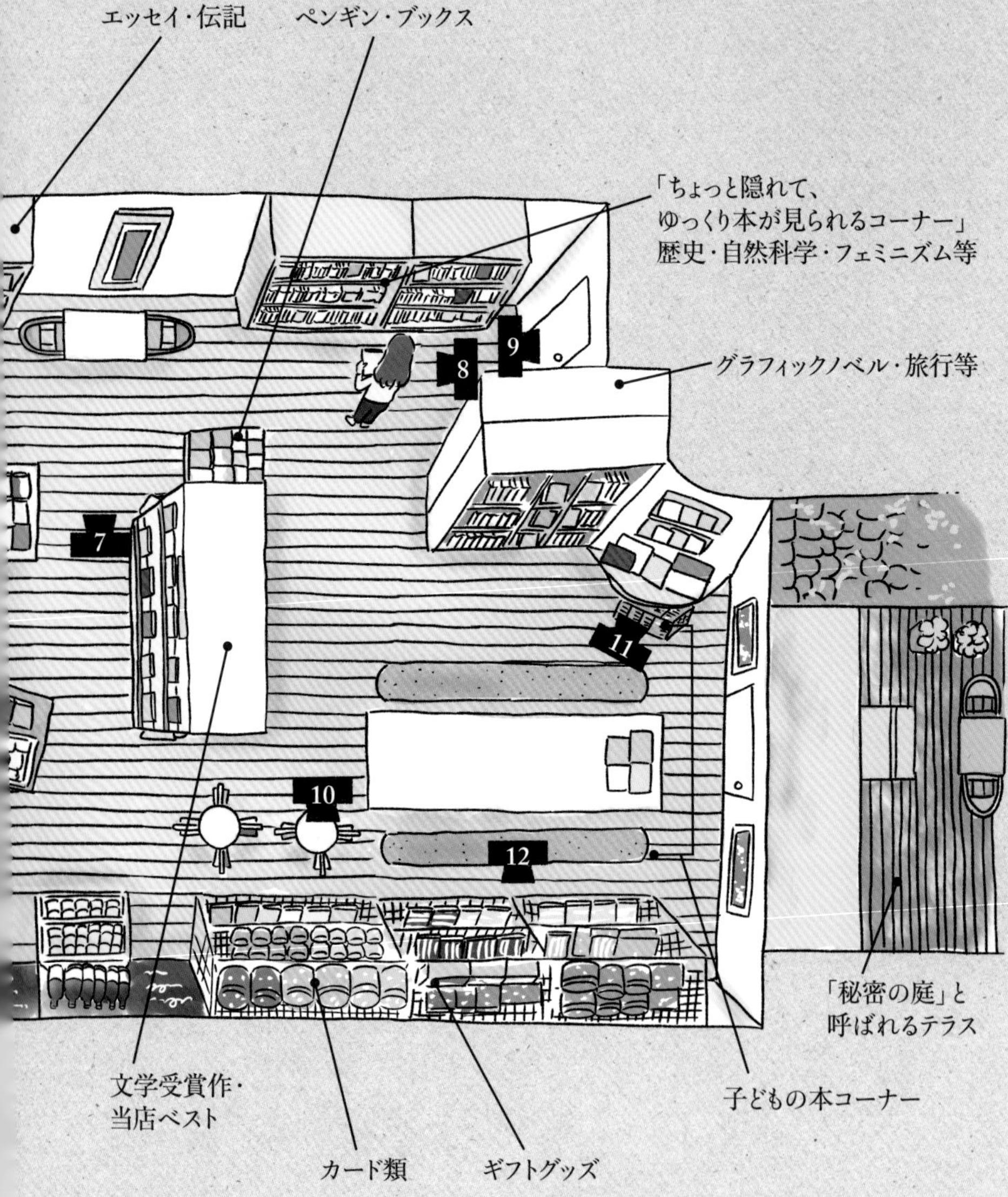

ロンドン北部の
ハイベリー地区。
静かな住宅町の一角に、
この地区で初めての
独立系書店を創業したのは、
子育てを終えた画家と作家だった。
未経験を強みにした
フレッシュな書店は、
地元の熱い支持を受けている。

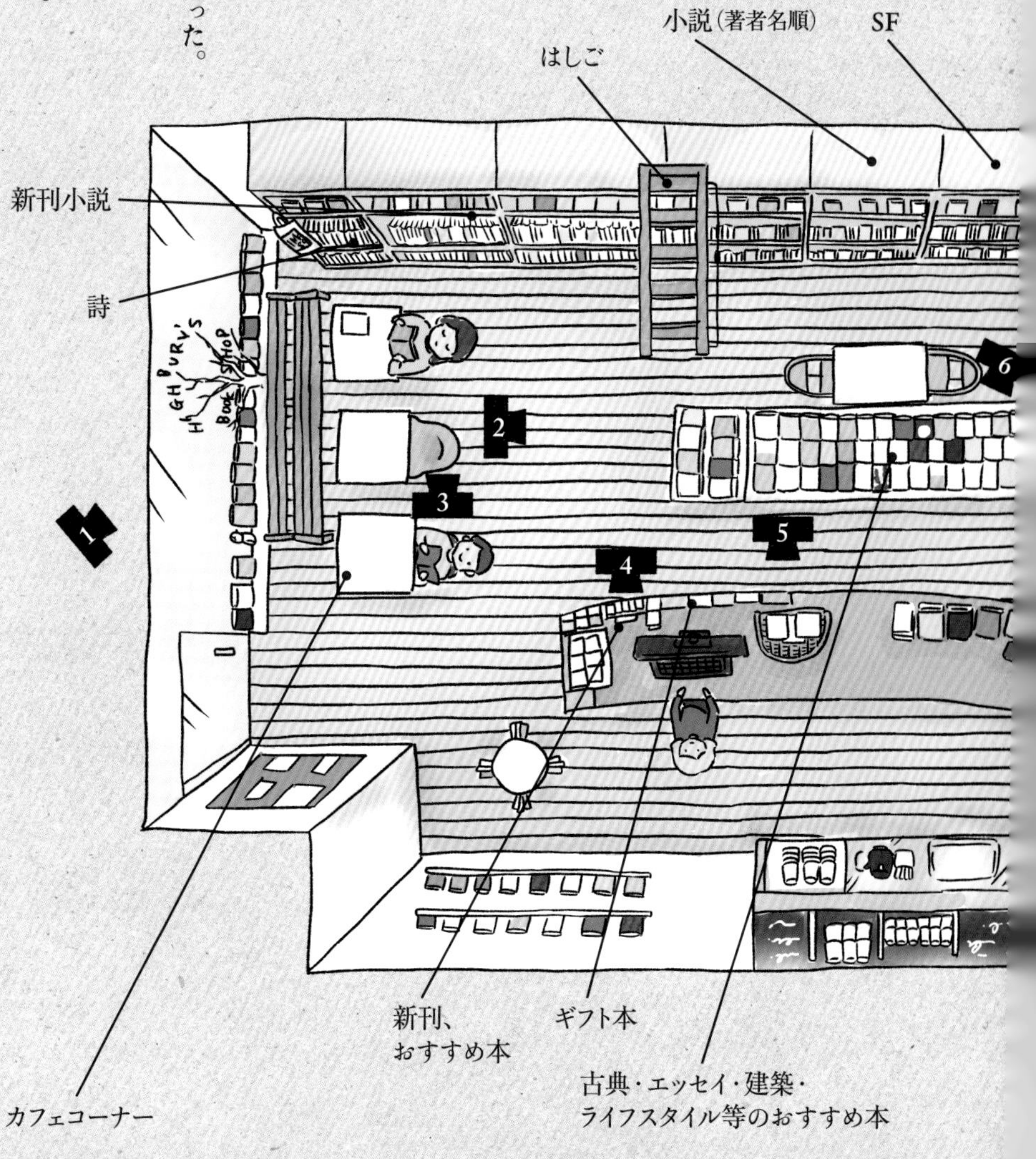

3

1

2

1. もとは不動産屋があった店舗。イギリスの不動産屋は客の入りやすさと開放感を重視してガラス張りの店が多い。その特徴を活かし、木のようなディスプレイのウィンドウ越しに店内の様子を見せている
2. 白と天然木を基調に、店のテーマカラーであるブルーを差し色にしてまとめている。自慢のはしごがアクセントを添える
3. 入口脇の窓際に面したカフェスペース。通りを眺めながら、コーヒーと読書が楽しめる

地元を愛する二人が地域のために開いた店

ロンドンの北部ハイベリーは、ジャーナリストやライターなどクリエイティブ業の若い家族が多く住む住宅街。元美術ジャーナリストでイギリス人画家のテッサ・ショウと、アメリカ人小説家ベッツィー・トビンが開いたブックカフェがインク@84だ。一九九〇年代から地元に暮らしている二人は犬の散歩仲間として出会い、子育てに一区切りついた頃、どちらからともなく本屋さんを開こうという話になった。

少し離れた大通りに大手チェーン、ウォーターストーンズの支店があるものの、この地区にはまだ独立系書店がなかった。トビンがジャフェ・アンド・ニール（P.66）の店主が講師を務める書店開業講座に参加して具体的なノウハウを学び、「未経験だからこそ、

4. メーリングリストへの登録を呼びかける貼り紙も、テーマカラーの青を使用
5. 共同オーナーのテッサ・ショウ（左）とベッツィー・トビン（右）、それに書店員クレア（中央）。「買い物のついでに」という風情で立ち寄ったおなじみさんとも、世間話がはずむ
6. バーカウンター兼レジ。奥の壁の黒板に手描きメニューがあり、カウンター周りには料理本やギフトに向く気軽な読み物が置かれている

新鮮な感覚で店が作れる」という自負を持って、二〇一五年、念願の創業を果たした。

表紙のデザインも重視
キュレーションを極める

店のテーマは「本とキュレーション」。優れた本だけを真価がわかるように並べ、読んでみたいと思わせる。そのコンセプト自体は珍しくないが、店内のデザインとディスプレイには、アーティストならではのこだわりを見せる。「電子書籍の人気が停滞しているのも、紙の本の価値、とりわけデザインの価値が見直されているから」というのが、ショウの持論だ。本が持つ物としての価値、装丁や背表紙の美しさを重視して、並べ方を考える。いつも「見た目が魅力的な棚づくり」を心がけ、さらに少しずつ頻繁に配置を変える。完璧に整えられた店内で、白い

7. 店のところどころにショウの作品が展示されている
8. 店の奥にある「ちょっと隠れて、ゆっくり本が見られるコーナー」。書棚に囲まれ、あえて狭くしたスペースで、本と向き合う静かなひとときが過ごせる
9. 「INK84」の青いポスターはショウの作品。店名には住所の84番地の数字が入っていて短い名前をと考え、本を書くのにも絵を描くのにも使うインクという言葉を使った

壁にカラフルな表紙が並ぶ様子は、アートギャラリーのようでもある。

ファサードは全面ガラス張りで通りから中が見えて入りやすいうえ、自然光がたくさん入り込む。壁全体が書棚で、床から天井まで本が並んでいる。入口から奥まで、中央部分は視界をさえぎらない低いテーブルだけを置き、開放感を保った。また、「ひと財産費やして」上の棚に届くはしごを特注で作り、奥には棚を横向きにして「ちょっと隠れて、ゆっくり本が見られるコーナー」を設けた。さらに最高級のコーヒーマシーンを入れたのも、居心地がいい店するための工夫だ。ショウは「本の虫のための埃っぽい書店にはしたくなかった」と説明する。

本と読者をつなぐための きめ細かい努力

店内では、読書会やイベントを週に

10. ギフトの棚に並ぶのは、本の表紙をデザインしたマグカップや、小さなおもちゃ、日本風のご飯茶碗とお箸のセット等。地元の人たちのテイストに合わせた品揃え
11.12. 絵本から小学生向けの図鑑まで、子どもの本を充実させている。散歩や近所の小学校からの帰り道に立ち寄る家族が多い

10

12

11

数回開催している。読書会はドリンク付きで、テーマとなる本を店で買うとチケットが無料で予約できるシステムだ。英語の文学を中心とした「インク・アンド・ドリンク」、翻訳文学を読む「インク・イン・トランスレーション」は毎月開催。この他、著者を招いてのトークやサイン会、作家になりたい人のための創作講座等のワークショップを盛んに行っている。

　インク@84という店名の由来は、「短くて、なおかつ住所である84番地の数字が入っている名前がいいなと考えた結果、本を書くのにも絵を描くのにも使うインクという言葉を使うことにした」のだとか。美しさにも中身にも妥協しない店は、町の本屋として地元の人たちの読書生活を支えている。

上／店は、カフェやレストランが立ち並ぶ通りの一角、テラスドハウスと呼ばれるイギリスの典型的な長屋建築にある。不動産屋だったのが書店になり、近所の人は大喜びしたとか
下／「本は1455年から冬の鬱な気分を吹き飛ばしています」と書かれた看板。書店員が考えたオリジナルの格言

共同オーナー店長

テッサ・ショウ

「住環境の制約で、本が好きな人でも本を厳選して買う時代。だからこそ、書店員は本を理解し、お客様にふさわしい本を勧められるようにいつも準備ができていなくてはなりません。そのためには、斜め読みや速読ではだめ。一冊の本を時間をかけて読むことで、その本が持つ意味を自分の中に吸収することができるのです。本をあれこれ手に取って眺めるのは、リラックスできて、新たな発見に結び付くかけがえのない体験であり、人が人間的になれる時間です」

INK@84 Books

84 Highbury Park, London N5 2XE
Tel：+44 027 7686 8388
www.ink84bookshop.co.uk/
月〜土10:00〜18:00、日12:00〜17:00
開店＝2015年　店舗面積＝約620㎡　店頭在庫＝約3,500点

表紙のデザインも中身も重視

店に置く本はデザインを重視しながらも、すべて、店主とスタッフが手分けして実際に読む。本と読者を適切にマッチングするために、地道な努力を重ねている。

ⓐ アン・パチェット、マイケル・シェイボン、デイヴィッド・グロスマンら内外の作家のハードバックを、優れた表紙のデザインが見えるように陳列　ⓑ 店主のお気に入りの「Penguin Great Ideas（ペンギン・グレート・アイデア）」シリーズ。ヴァージニア・ウルフ『自分自身の部屋』、トマス・ムーア『ユートピア』、ボルヘスやプルーストのエッセイ集等、世界に影響を与えてきた作家のノンフィクションを集めたペーパーバック　ⓒ 川上弘美『Record of a Night Too Brief（惜夜記）』（「蛇を踏む」を収録）、柴崎友香『春の庭』等日本の芥川賞受賞作品の英訳も　ⓓ「冬の日に心を温めてくれる本」のコーナー。貴族出身の映像作家ハナ・ロスチャイルドによる初の小説『The Impossibility of Love（愛の不可能性）』、トム・ミッチェル『人生を変えてくれたペンギン 海辺で君を見つけた日』等

親子のような二人が作り上げる店

バーリー・フィッシャー

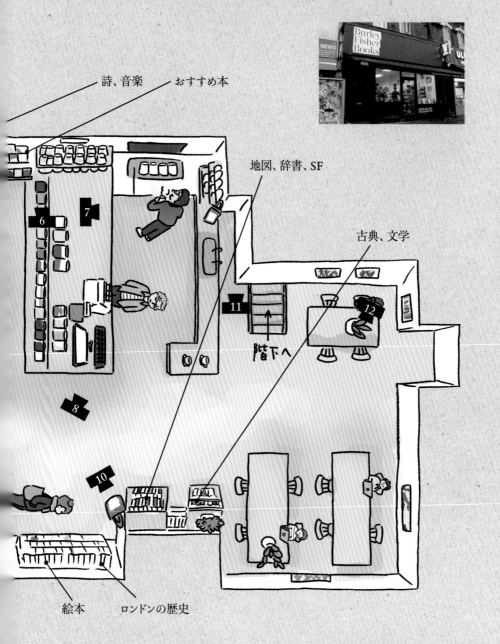

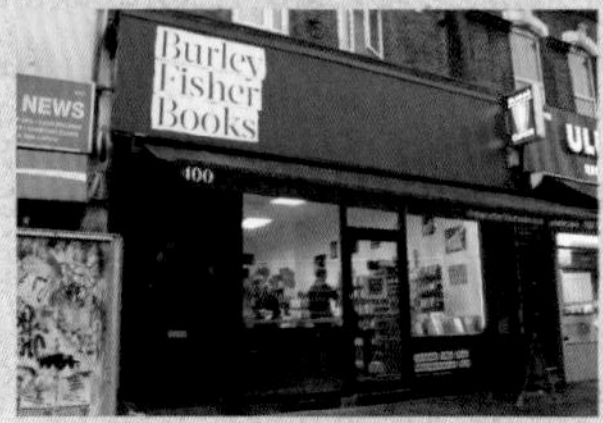

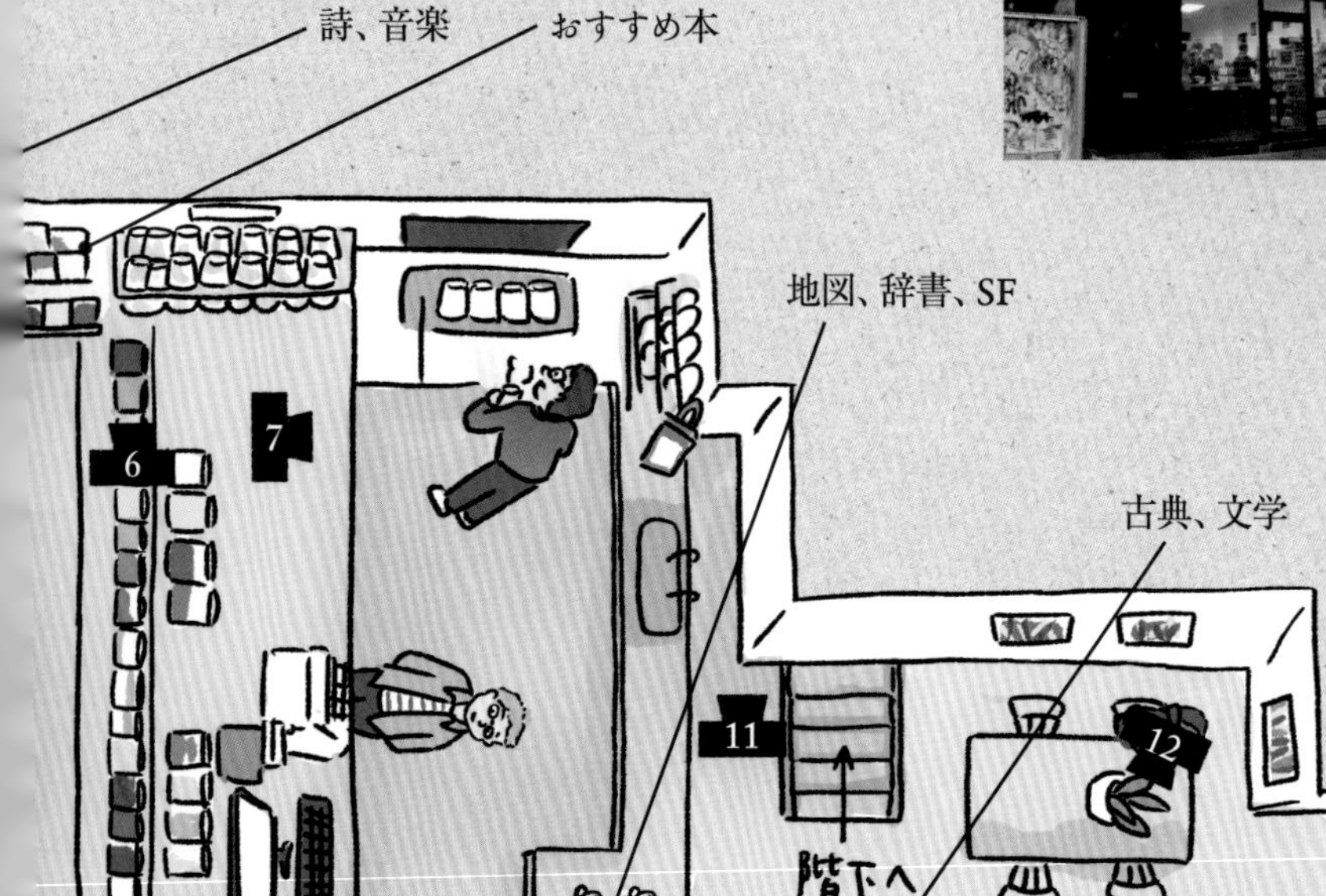

親子ほども歳の離れた
ブックセラー二人が
経営する町の本屋。
現代文学を中心とした
セレクトと
おいしいコーヒー、
地元の作家たちによるイベントで、
熱烈なファンを集めている。

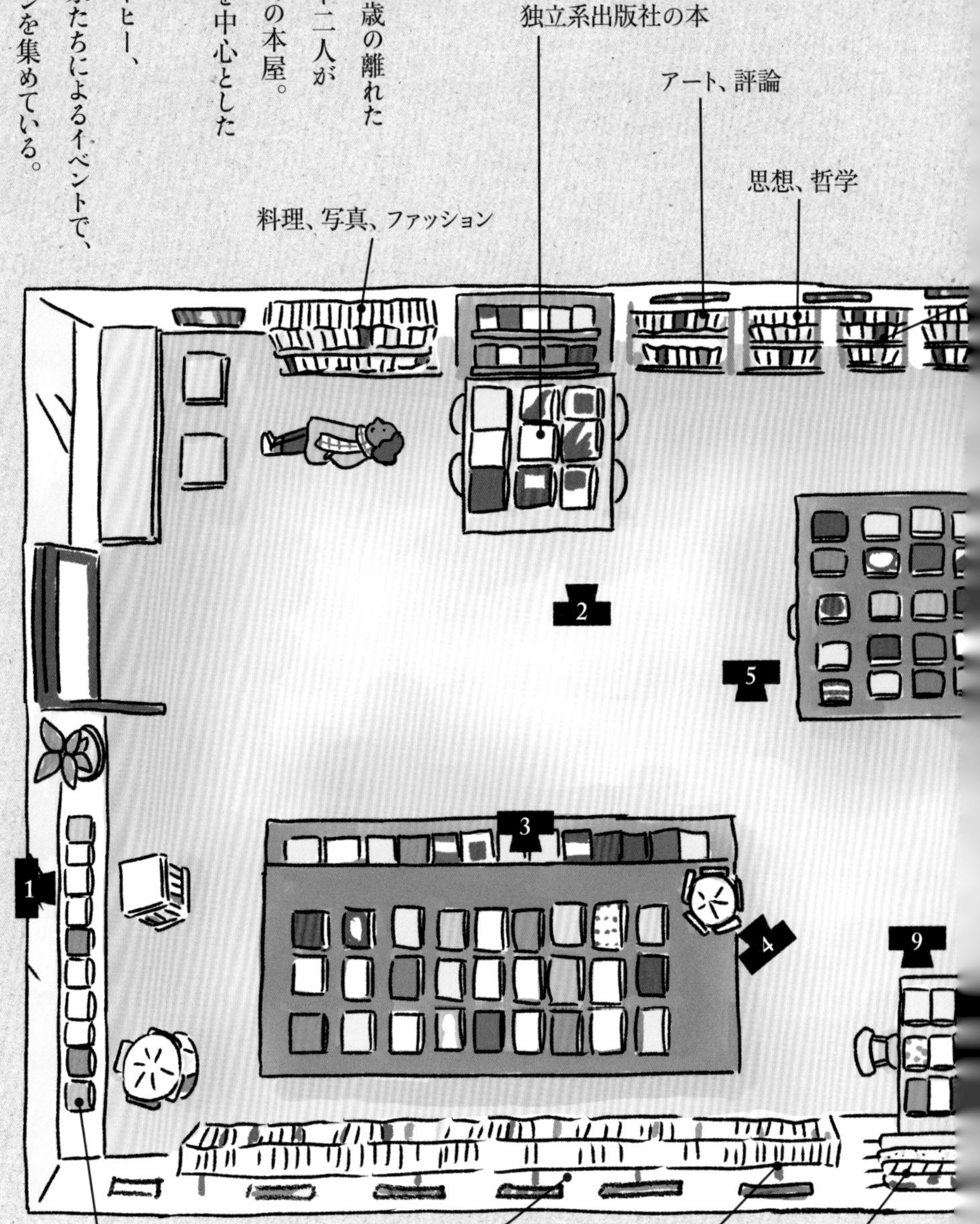

1. 「本とコーヒーとベーグル」というシンプルな看板が営業中の印
2. 3. 店には厳選された本が一冊ずつ並び、あちこちに気まぐれのようにポップがある
ロンドンを舞台にした作品で知られる作家・映画監督のイエイン・シンクレアは近所に暮らす常連。ロンドンの作家たちを紹介する著書『My Favorite London Devils（私のお気に入りのロンドンの悪魔たち）』出版記念トークを店で行い、とりわけ多くの人を集めた

編集者としての経験を活かした店づくり

イギリスでは書店の仕入れは買い取りが基本なので、選書にはとりわけ店主の思い入れとプライドが表れる。この店のセレクトは大胆で、新人作家の処女作や詩集、非営利企業で翻訳書にも力を入れている出版社、アンド・アザー・ストーリーズの刊行物等、大型書店ではなかなか目につきにくいような本を勧める。その噂を聞きつけて、出版社からの売込みも多いが、実際に店に置くかどうかは慎重に判断する。

オーナーの一人、フィッシャーはロンドン大学キングスカレッジの英文学部卒で、書籍編集者の経験があり、文学賞の審査員も務めている。この店にある本なら読む価値があるという信頼を得ていて、プレゼント用に、または「こういうテーマの本が読みたい」と

4. 地元アーティストによる手作りのグリーティングカードも人気商品
5. 店に入ってきたお客さんは、熱心に新刊書の平台をチェックしていく
6. ポップはそれぞれ得意分野の違う店員たちが思い思いに書いている。無造作に貼り付けた感じが親しみを持たせる

いう漠然とした思いで本を探しに来る客も多い。「出版社にいたときは、なんとなく一種の孤独感を感じていた」が、本ができるまでのプロセスを知り、業界のトレンドを見極めるコツを学んだ経験が、今、役立っていると振り返る。個人的には文学好きだが、ノンフィクションの本も幅広く読み、選書のためには哲学やヨーロッパ文学など得意な分野を持つ他の店員の知識も総動員している。

「私たちが読んだ本」コーナーは、そんな中からとりわけおすすめの本を厳選してコメント付きで置いていて好評だ。「作家はみんな、一人ひとり違う個性がある。だからこそ、どんな作家も読む価値があります」。情報だけに基づいて店に置いている本について尋ねられた時は「読んでいません」と正直に伝えるとか。

また、コロナ禍以来、ポッドキャス

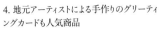

7.8.「コーヒーを淹れるといえば、マグカップにインスタントコーヒーを入れてお湯を注ぐだけだった」というフィッシャー。本屋を開くにあたってバリスタ講座を受講し、今ではラテアートもお手のもの。本とコーヒーは同じレジで扱う
9.低いテーブルに子ども向けの大型ビジュアル本を並べている
10. シンプルなロゴを大きくあしらったオリジナルのブックトート。大型本を数冊入れても余裕の大きさ

トで作家のインタビューや新刊情報を定期的に発信している。

他の本屋との共存を常に考える

本を選ぶ際には、近隣の書店への配慮を忘れない。「住民にはアーティストも多いので、本当はもっとアート系の本を置きたい。でも、専門書店が近くにあるので、共存のため、僕たちは良質の文学作品やノンフィクションに集中します」。同時に地元のニーズも大切にしている。「東ロンドンは多様な人たちが暮らしています。トルコの現代情勢の本など近所の人たちに読んでもらいたい本は、目立つ場所に陳列しています」

一方で、町の本屋の使命として、児童書にも力を入れている。地元ハックニーにある出版社で、大人が見ても美

11

11.「編集者が必要ですか」というチラシ。作家志望の人を応援するべく編集や校正、アドバイスを行う「ハックニー・フィクション・ドクター」によるもの。書店は地元のコミュニティセンターのような場になっている
左上／バーリー（左）とフィッシャー。歳は離れていても気の合う共同経営者
12. カフェでは仕事や勉強のために長居をする常連客も多い

12

しいビジュアルの絵本等を厳選。ロンドン市内の学校図書館には一割引きで販売するほか、著者による出張イベントの企画・開催も手がける。店内で行う一般向けのイベントも好評。常連でもある地元の作家やアーティストらがイベントを開くことが多く、クラウドファンディングで集めた資金（九千ポンド）で改築した地下室を専用会場にしている。

　こだわりのカフェも人気がある。バリスタ講座を受けたフィッシャー自らコーヒーを淹れ、ベーグルのサンドイッチを作る。常連客を増やし、滞在時間を長くさせるカフェの効果は大きい。

　地域の人が、新しい興味の対象に出会い、本当に読むべき本に出会えるように、また本に関する活発な意見交換ができるように日々努めている。フィッシャーの願いは、イギリス内外の町に本屋さんが増えていくことだ。

上／店内では、近隣に住む写真家やアーティストのジンも扱う
下／店のウィンドウの下には、「新しい本、コーヒー、イベント、独立系出版、Wifi」と書かれている。まるで地域の図書館と、居心地のいいカフェを兼ねるような空間だ

共同オーナー

サム・フィッシャー

「カフェを併設するのは、伝統的に文房具を売る書店が多いのと同じで、利幅が大きいため資金を得やすい方法ですが、そもそも本とコーヒーは相性がいいと思いませんか？　町の本屋の存在意義は、いかに地域の人たちの文化的生活に貢献できるか。イベントには、より幅広い客層を開拓できるのはもちろん、同じ本や作家に興味を持つ人たち、ひいては店のお客さんたちの間にコミュニティーの意識を作り出せるという良さがあります」

Burley Fisher Books

400 Kingsland Road, London E8 4AA
Tel：+44 7249 2263
月〜金8:30〜19:00、土9:00〜18:00、日12:00〜18:00
開店＝2016年　店舗面積＝約74㎡　店頭在庫＝約3,500点

若い店主が幅広い読者に向けて勧める 現代文学とノンフィクション

文学好きの店主の趣味を反映して、英米の現代小説や、翻訳小説が充実。ノンフィクションは、ロンドナーの趣味を反映したテーマの本を揃えていて、いずれもセンスのよさが光る。

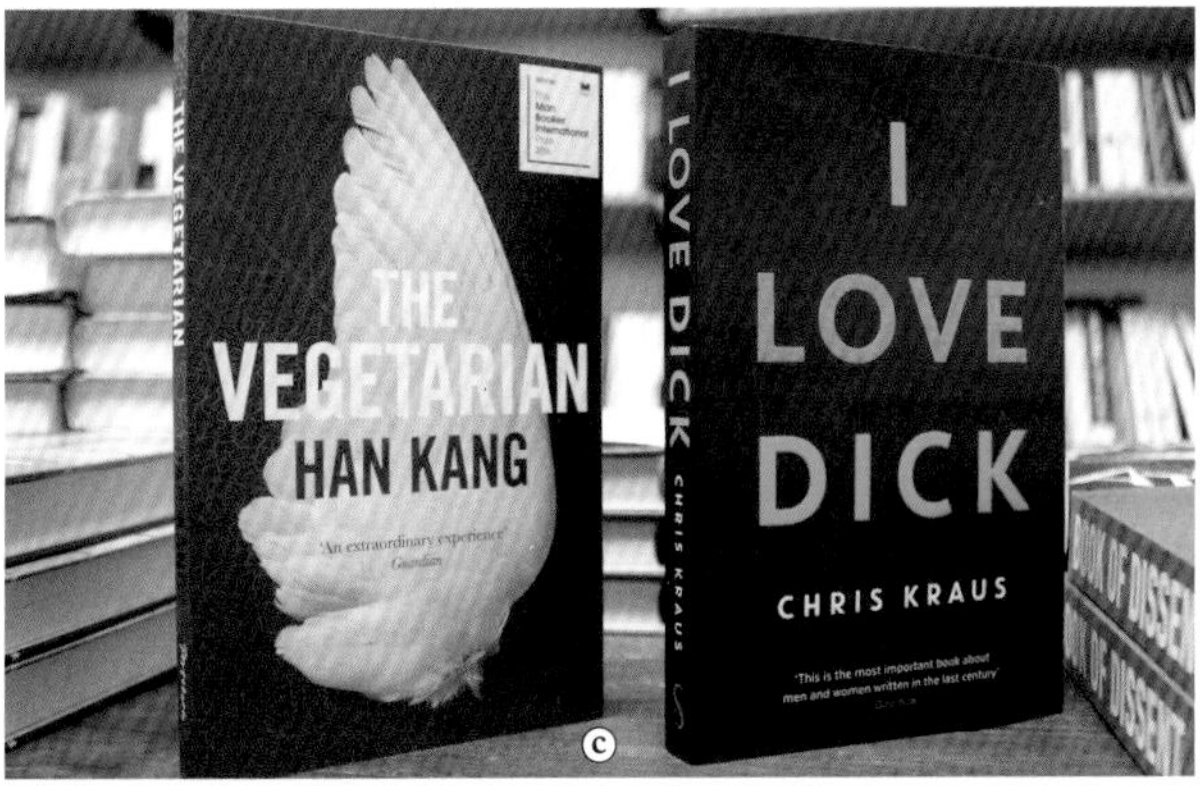

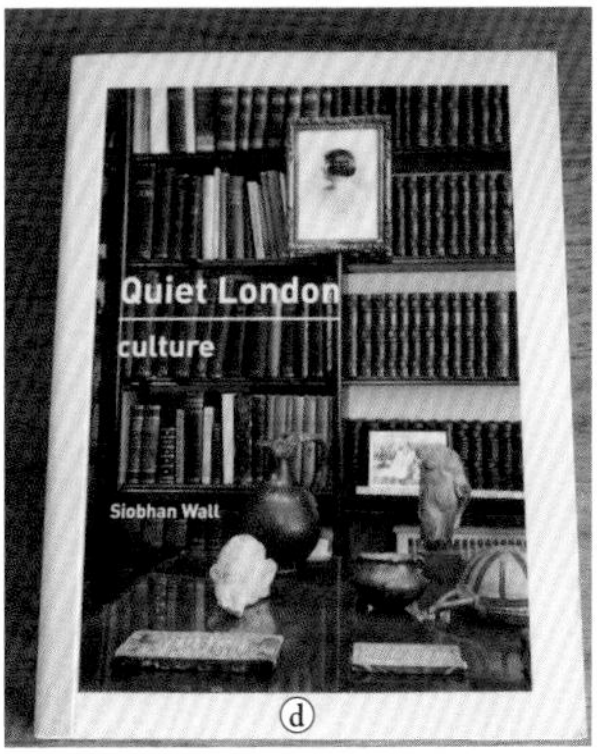

ⓐ 英ブッカー賞を受賞した現代アメリカのベストセラー作家、ジョージ・ソンダースによる『十二月の十日』 ⓑ 全米図書賞の最終候補になったネル・ジンク『Mislaid（見失われて）』 ⓒ 左：ハン・ガン『菜食主義者』 右：アメリカのポストモダン小説、ドラマにもなったクリス・クラウスの私小説『アイ・ラヴ・ディック』 ⓓ シボーン・ウォール『Quiet London: Culture（静かなロンドン：文化編）』。大都市ロンドンにあって静かな時間が過ごせる書店や私立図書館等の文化施設を紹介している ⓔ デヴィッド・ボウイの伝記、決定版とされるデヴィッド・バックリーの『Strange Fascination: David Bowie: The Definitive Story』と、イギリスの哲学者サイモン・クリッチリーによる論考『ボウイ―その生と死に』

清水玲奈 Reina Shimizu

ジャーナリスト・翻訳家。東京大学大学院総合文化研究科修了(表象文化論)。1996年渡英、パリ暮らしを経てロンドン在住。本屋さん、出版、カルチャー関連のウェブ記事・著書・訳書多数。著書に『世界で最も美しい書店』『世界の美しい本屋さん』(エクスナレッジ)等がある。
ブログ　http://reinashimizu.blog.jp

英国の本屋さんの間取り

2024年7月2日　初版第1刷発行
2024年8月7日　　　第2刷発行

著者
清水玲奈

発行者
三輪浩之

発行所
株式会社エクスナレッジ
〒106-0032
東京都港区六本木7-2-26
https://www.xknowledge.co.jp

問合わせ先
[編集] TEL 03-3403-1381　FAX 03-3403-1345
[メール] info@xknowledge.co.jp
[販売] TEL 03-3403-1321　FAX 03-3403-1829